JN321950

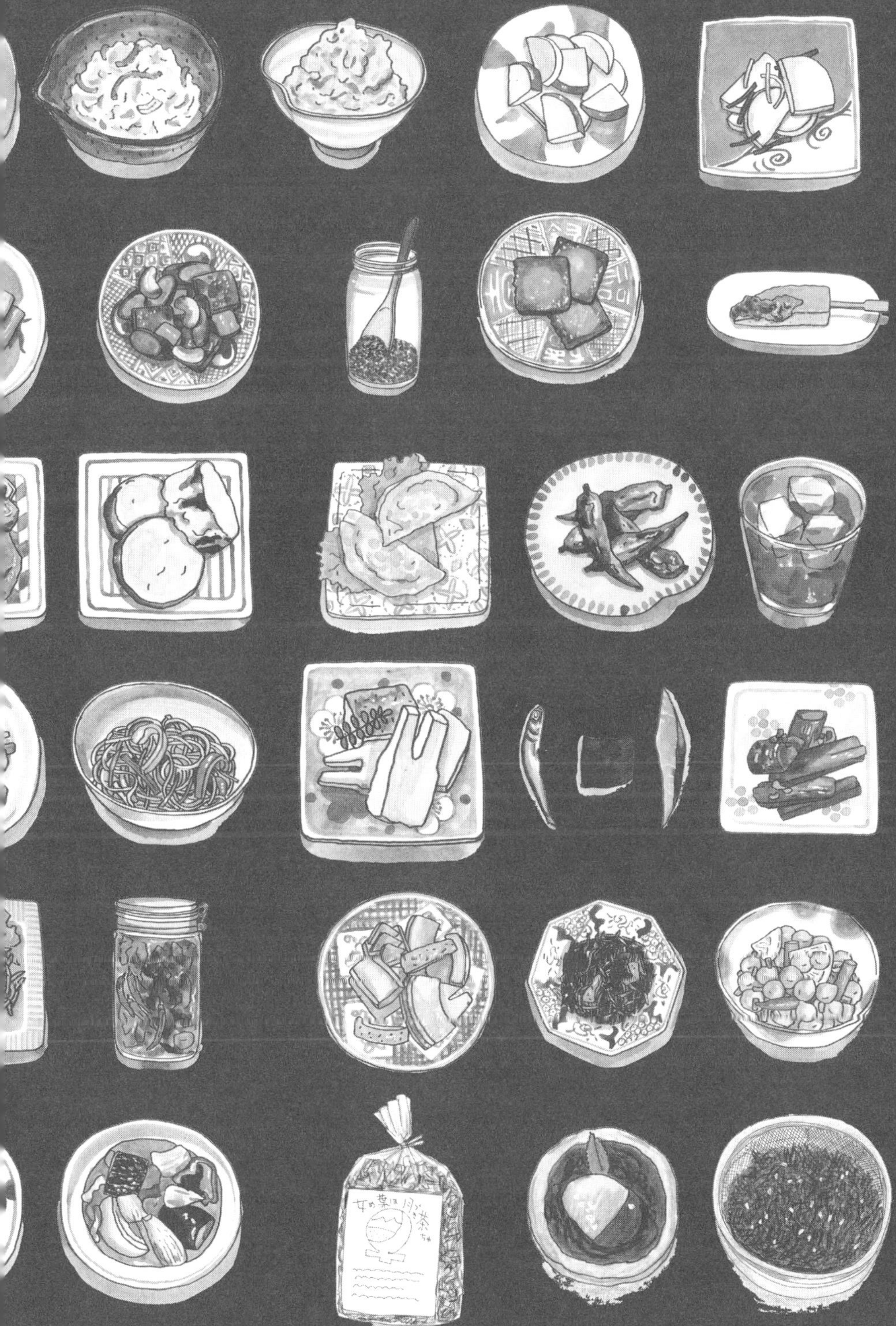

料理：鈴木朋恵（でめてる）

玄米ごはんのおいしいお店

でめてる
野菜のおかず

絵と文
石渡希和子
Ishiwatari Kiwako

梨の木舎

はじめに

でめてるは、東京の国分寺市にあるレストラン。1982年に開店しました。店長の鈴木朋恵さんは、でめてるの始まりについてこう言っています。

「そのころ、三多摩地区でつながってきた、熱い女たちのネットワークの延長上に、でめてるが誕生しました。女性が、一人でもゆっくりくつろげて、食べたり飲んだりできる店、というのがモットーで、それは今も変わりません」

玄米ごはんと野菜のおかずが食べられるお店です。イワシ料理や干物のお魚もあります。ビールやお酒もあります。玄米も野菜も主に無農薬で作られるものを使い、昔ながらの製法で作られる調味料を使います。

でも、自然食だとかナチュラルだとか、体に良いとか地球に優しいとか、そういうことを大きな声で言ってはいません。気にしてないってことはないけど、食べることを頭で考え過ぎてもつまらない、という感じだと思います。

でめてるは、ふつうのお店です。ふつうに玄米ごはんがおいしくて、ふつうに野菜のおかずがおいしい。そのおいしさは、毎日食べたいおいしさです。ハレの日においしい特別な味ではなく、日々、お腹に優しくおさまる淡々としたおいしさです。ミシュランの調査員は絶対に来ないでしょう。でも毎日来てくれるお客さんはいます。

このでめてるが、30周年を迎えます。

この機会に、おかずの作り方を聞いておこう。そう思いました。作り方といっても、お店ではたくさんの量を作りますし、素材や道具や火力や火加減やさじ加減、腕も違いますから、その通りに作ったとしても、同じ味にはできないと思います。ですから、詳細なレシピにはしませんでした。大ざっぱな、だいたいこんなふうですよ〜、という作り方です。あとはそれぞれお好きなように、自分なりに作ってみてください。

むずかしい料理はありません。作るのが簡単という意味ではなく、素材が生きるシンプルな料理ばかりです。作ることによって、野菜そのもののおいしさや、伝統的な乾物類の使いやすさ、旬のものが持つ力強さなどを少しでも感じ取れたらいいと思います。

私は20年くらい前に初めてこの店に来ました。あれよあれよと月日が過ぎ、飽くこともなく通い続け、いつしかちょこっと手伝うまでになりました。

食べ物に限らず、パッと盛り上がって、あっさり消えていく、そういうものが多い今日この頃です。だからこそ、派手に盛り上がることもないけど飽きずにずっと続いていく、そういうものの大事さを、私はでめてると重ねて感じています。

ひっそりと、ゆっくりと、この本が作られました。楽しんでいただけたら幸いです。

石渡希和子

でめてる周辺あるけるMAP
30分以内ではあるけるはず…
たべ研
①
神社
〒
② ゲミュートリッヒ
③ 福の湯
連雀通り
小平方面
フランス菓子「ロンポワン」国分寺ショコラが大好き!
④ ろばや
⑤ フロ横丁の家
本多公民館
西武タマ湖線
一橋学園
⑧ ピース
星野とうふ店
⑥
ら・ぶかにすと
⑦
ラママン
⑨
床屋さんニューロダン
㉒ まのめ
国分寺↓
季楽
でめてる
カメラ
⑩ 世古さん
この階段、夜は暗いので足元注意
本屋
コンビニ
モア
でんえん
⑫
⑭ 義蕎
⑬ Giee
多根
⑪
西武国分寺線
たまに走っております。
ティップネス
⑮ アースジュース
西武線国分寺
スターバックス
北口
JR国分寺駅
⑯ ほんやら洞
南口
立川方面
都立殿ヶ谷戸庭園
⑰ キィニョン
コンビニ
⑱ 首里乃家
緑いっぱい気持ちいいです。
Light house
⑲
鷹の台
国分寺↓
㉓ シントン
野川を越えて、どんどん行くと、お鷹の道。真姿の池、武蔵国分寺跡史跡公園など。一度は行きたいのどかな場所へ
桃の湯
㉑
⑳ カフェスロー
このあたり車がけっこう多いので気をつけて!

☆ MAP に載っているお店のご紹介

①たべ研のお店　042-322-6681
http://www.tabeken.net/
三多摩たべもの研究会で扱う食材等が買える店舗です。P.52

②ゲミュートリッヒ
食事パンから甘いパンまでいろいろある可愛いパン屋さん。

③福の湯

④ろばや　042-321-6190
http://www.robaya.com/
自家焙煎珈琲豆のお店。食品や日用品も扱ってます。P.115

⑤プー横丁の家　042-323-9937
http://poohshouse.web.fc2.com/
ジャズとブラジル音楽が流れる喫茶店。お酒や料理もいろいろあります。

⑥星野豆腐店
でめてるで使うお豆腐はここから。油揚もおいしい。P.57

⑦ら・ぶかにすと　042-359-0830
古本屋さん。小さい店内に古本がぎっしり。買取も。

⑧ピース　042-326-4336
http://www.peace-1122.com/
でめてる店長も私も通っている、なごめる美容室。ヘッドスパおすすめ。

⑨パンの家 ラ・ママン　042-325-5107
でめてるから歩いてすぐのところにあるパン屋さん。

⑩特定非営利活動法人
NPO 研修・情報センター　042-208-3320
http://www2u.biglobe.ne.jp/~TRC/
コミュニティレストランの講習会などもやってます。でめてるのお隣。(代表 世古一穂さん)

⑪多根フルーツ店
昼前から終電まで営業している、果物 & ケーキのお店。

⑫でんえん　042-321-2431
1957 年開店。老舗のクラシック名曲喫茶。

⑬ライブカフェ・ギー　042-326-0770
http://giee.jp/
幅広いジャンルのライブカフェ。軽食もあります。

⑭義蕎(ぎきょう)　042-326-6231
http://www.gikyou.com/
店長も私もよく行くお蕎麦屋さん。蕎麦とお酒とつまみで、ゆったり過ごしたい。

⑮アースジュース　042-321-3214
http://www.earthjuice.net/about_shop.html
スタッフ一同でめてると仲良しのフェアトレードのお店。可愛いものがいっぱい。

⑯ほんやら洞　042-323-4400
国分寺伝説の店。喫茶店の良さが味わえる、居心地良いお店です。

⑰キィニョン　042-325-6616
http://www.quignon.co.jp/
フランス語で「パンのひとかけら」という名前のパン屋さん。

⑱首里乃家(しゅりんち)　042-300-2146
http://kokubunji.shop-info.com/syuri/
沖縄料理のレストラン。ていねいな手作りの味です。

⑲ LIGHTHOUSE (ライトハウス)
050-1361-4797
http://lighthouse-tokyo.com/
オランダ人兄妹が経営。英語が飛び交うバーレストラン。世界のビールと世界の料理。

⑳カフェスロー　042-401-8505
http://www.cafeslow.com/
自然素材で造られた広い店内で、ゆったりくつろげます。マーケットもあります。

㉑桃の湯

㉒まのめ　042-344-2130
小さな、おむすび屋さん。絶妙の塩加減が大好きです。おかずとのセットなどイートインも。

㉓シントン
1962 年に開店した喫茶店。深煎りのおいしいコーヒーが味わえます。

目次

春のおかず

夏のおかず

秋のおかず

冬のおかず

一年を通してのおかず

玄米ごはん・漬物・だし・調味料など

おいしいコラム

春のおかず

新じゃがの揚げ味噌煮

甘味のある麦味噌を新じゃがにからめた、ごはんのすすむおかずです。

ポイント：この料理に使う味噌は麦味噌がおすすめです。新じゃがとよく合います。

【材料】

新じゃが　麦味噌　みりん

【つくり方】

1. 新じゃがは大きめなら半分に切り、小さめなら丸ごと、素揚げする。

2. 鍋に、水とみりんと麦味噌を入れて、素揚げした新じゃがを入れ、からめながら煮る。

サモサ

さくっと噛むと、ふんわりカレーの香りがおいしい揚げ餃子です。

ポイント：サモサは、インドの揚げ餃子のような料理。三角形に包むものが一般的ですが、ごめてるでは普通の餃子の形に包んでいます。

【材料】

じゃがいも　人参　玉ねぎ　グリーンピース
餃子の皮　カレー粉　塩　オリーブ油

【つくり方】

1. じゃがいもと人参をやわらかく茹でて、つぶして、オリーブ油でまとめる。
2. みじん切りの玉ねぎ、グリーンピースを加え、塩とカレー粉を入れてよく混ぜ合わせる。
3. 餃子の皮で包んで、揚げる。

インゲンの胡麻和え

インゲンと胡麻をしっかり味わえる、おかずになる胡麻和えです。

ポイント：でめてるでは、みりんや砂糖で甘くしません。インゲンのおいしさを生かします。

【材料】

インゲン　胡麻　醤油　塩

【つくり方】

1. インゲンはほどよい固さに茹でて、食べやすい長さに切る。

2. 胡麻を炒り、すり鉢に入れてよくする。

3. 醤油と塩を少し入れて混ぜたら、インゲンを入れて和える。

食前食後のおいしいお茶……伊藤えり子さん（べにばな野草園）

「玄米ごはんがおいしい」と言われるのと同じくらいたびたび、お客さんに言われるのが、「お茶がおいしい」ということ。でめてるで出しているお茶は、静岡県の「水車むら」の有機無農薬番茶と、山形県の「べにばな野草園」の野草茶をブレンドしている。両方の茶葉を適量、ヤカンの水に入れて火にかけ、沸いたら火を消す。そのまま少し蒸らせばできあがり。

「べにばな野草園」の伊藤えり子さんは、大阪で野草園を世話していた社会運動家、関久子さん（1901-96）の元で野草について学び、1987年頃に大阪府能勢町で野草園を始めた。その頃に、友人の紹介ででめてるを知り、店に野草茶を卸すようになったというから、もう25年ほどのおつきあいになる。10年前に故郷である山形県酒田市に移って今に至る。季節に合わせて、20～30種類の野草を自生に近い形で栽培し、収穫し、ていねいに葉を細かく刻んで、お日様をいっぱいにあてて、しっかり乾燥させてお茶にし、届けてくれる。でめてるでは、まず最初にこのお茶を出す。気に入ったら家でも楽しんでもらえるように、販売もしている。スギナ、ドクダミ、カキドオシ、シソ、ヨモギ、ハッカ、カミツレ、などの単品の野草茶と、女性の体に良い野草だけを数種類ブレンドした「女葉月茶《めはづきちゃ》」も人気がある。

でめてるでは、単品の野草茶を番茶とブレンドしているけれど、野草茶同士をいろいろにブレンドしてもおいしい。伊藤さんによると、野草茶は漢方薬とは違うので、これとこれは混ぜてはダメ、などという決まりはないとのこと。自分の好きなオリジナルブレンドを見つけるのも楽しそうだ。

これが女葉月茶
メハジキ・カミツレ・ヨモギ・シソ・
キシミズヒキ・ハギ・ドクダミ・
ゲンノショウコ・ベニバナ・
女め葉は月づき茶ちゃ
女性の体にいい野草茶のブレンド。

●べにばな野草園（山形県酒田市）
TEL&FAX 023-454-2232

たけのこの煮物

季節には必ず食べたいたけのこを、まずはシンプルに煮物で。

ポイント：だしはたくさん入れません。出来上がりは汁気がほとんどないように仕上げましょう。

【材料】

たけのこ　ぬか　鷹の爪　油揚　だし
厚削り　万能だし　塩

【つくり方】

1. たけのこを、ぬかと鷹の爪で茹でて、あくぬきしておく。

2. 食べやすい大きさに切って、油揚と一緒に鍋に入れ、だしを注いで厚削りを入れて煮る。

3. 塩と万能だし（P.134）で、薄味に仕上げる。

稲田さんの破竹の煮物

煮汁がしっかり染みた破竹は、歯ごたえもおいしい。

ポイント：破竹は、普通のたけのこが終わる頃に出てきます。アクが少ないので下茹でせずに煮ることができます。これもまた、だしはたくさん入れず、汁気がほとんどないように仕上げます。

【材料】

稲田さんの破竹　油揚　だし　厚削り
万能だし　塩

【つくり方】

1. 破竹を食べやすい大きさに切って、油揚と一緒に鍋に入れ、だしを注いで厚削りを入れて煮る。

2. 塩と万能だし（P.134）で、薄味に仕上げる。

ごぼうとカシューナッツの炒め煮

ごぼうの香りとナッツの香ばしさがとても合う、人気のおかずです。

ポイント：だしはたくさん入れず、汁気がほとんどないように仕上げます。カシューナッツのほっこりした味がごぼうとよく合います。

【材料】

ごぼう　カシューナッツ　コンニャク
だし　万能だし　油

【つくり方】

1. コンニャクを薄く切り、鍋でから煎りし、菜種油を足して炒める。
2. 斜め切りにしたごぼうとカシューナッツを加えてさらに炒める。
3. だしを注いで、ごぼうがやわらかくなるまで煮る。
4. 万能だし（P.134）で味を整える。

ふきの煮物

しゃきしゃきと食べれば、ふわりと春の香りがしてきます。

ポイント：だしは少なめに、煮すぎないようにしてしゃきっと仕上げます。

【材料】

ふき　油揚　椎茸　厚削り　だし
万能だし

【つくり方】

1. ふきはさっと茹でてからスジをむく。

2. 食べやすい長さに切ったふきを鍋に入れ、油揚、椎茸を加えてだしを注ぎ、厚削り、万能だし（P.134）を加えて煮る。

たべ研の山うどの天ぷら

ほんのり感じる苦味がおいしい天ぷらです。

ポイント：たべ研から来る山うどは野性的なので、天ぷらに良さそうなやわらかいところを選んで使います。

【材料】

たべ研の山うど　小麦粉　油

【つくり方】

1. 山うどはきれいに洗い、水溶き小麦粉をくぐらせて、からっと揚げる。

たべ研のわらびの煮物

あくをしっかり抜いて、春の味を楽しみましょう。

ポイント：煮物といいつつ、わらびは煮込みません。煮汁に浸すだけ。

【材料】

たべ研のわらび　灰　油揚　椎茸
だし　万能だし

【つくり方】

1. わらびを、灰であく抜きして一晩おく。

2. わらびを洗って水気を切る。

3. だしに万能だし（P.134）を入れ、油揚と椎茸を加えてひと煮たちさせる。

4. わらびを❸に浸す。

「働く喜びが作る石けん」・・・・・・・・・・笠原慎一さん（ねば塾）

でめてるでは、食器を洗うのに廃油石けんを使っている。淡いくるみ色のシンプルな石けんで、「くるみ石けん」と呼んでいる。泡切れが良く汚れがよく落ちる。ほんとうは内緒だけれど、店長はこの石けんで髪の毛や体も洗っている。この石けんを作っているのが、長野県佐久市にある、ねば塾。心身にハンディーを持つ人たちが働く作業所で、行政からの福祉的助成金を受けずに、みんながそれぞれの力を出し合って働いている。

代表の笠原慎一さんは、1978年にねば塾を設立した。既存の福祉施設で働いていた頃、入所者から「施設を出たい」「働きたい」という訴えを毎日のように聞いていたそうだ。そして、自分が保護者として一緒に働けば、ハンディーのある人も一般の会社で働けることに着目し、重度障害者の二人をひきとって共に住み、共に土木作業員として働きはじめた。二人の成長は著しく、働くことで人が得られる力の大きさを実感した笠原さんは、ねば塾を立ち上げた。現在26人のハンディーのある人たちと24人のスタッフが働いている。

なぜ石けんなのか。「生活必需品で消耗品であったこと。また当時、合成洗剤追放運動が盛んになっていた頃で、その後押しもあった」。でめてるで使っている「くるみ石けん」の本当の商品名は「元《はじめ》ちゃん石けん」という。ねば塾が初期の頃から作る一番シンプルな廃油石けんで、当時の塾生、元《はじめ》ちゃんが、上田市で石けんを作っていた人のところに行って作り方を習った。最初はなかなか良いものが作れなかったそうだ。作りはじめて2年目に、東京の江戸川区で石けん製造業をしていた加藤さんという方が技術指導に来てくれたことで、一気に品質向上につながったという。

今では、廃油石けんだけでなく、天然のハーブを加えたオシャレな化粧石けんやシャンプーも作っているし、企業のロゴや絵を入れた広告宣伝用の透明石けんの注文も多くなり、石けん屋として事業は軌道に乗っている。高速の機械や大量生産のためのコンピューター化はない代わり、少量でも注文を受けるきめ細かな対応とていねいなモノ作りが信頼を得ている。

「昔ながらのやり方なら、ハンディーのある人にできることはたくさんある」と笠原さんは言う。油脂を熱する段階は、「窯炊き10年」と言われる難しい工程だが、この職人技をしっかり身につけた塾生がいる。昭和28年製の石けん製粉器は、耳で音を聞きながら勘を働かせて操作する必要があるが、この機械に熟練して30年使いこなす塾生もいる。包装やシール貼りにかけては、誰よりも手早く仕上げる塾生もいる。「ハンディーのある人は、補助金を

私もここに住んで、皆と一緒に働きたいなーと思いました。
お話しも面白くて
話題のつきない笠原さん。

もらわないと生きていけないと思われているけれど、そんなことはありません。彼らに合う仕事さえあれば、ちゃんと稼いで、税金だって払えるのです」。

田んぼと千曲川にはさまれた自然の中に、工場や、塾生と世話人が暮らす住居が並んで建つ。空気はきれいで、蛍が飛び、野良猫がゆうゆうと歩いている。その中に、淡々と自分の仕事をこなす塾生たちの姿がある。ゆったりとした空気の中に仕事の緊張感がうまく混じり合っているように見えた。何よりも、みんなが石けん作りを楽しんでいる。「実際、石けん作りは面白いんです」と笠原さんは笑う。イタリアから中古で買う圧縮ローラー機の話、廃油の状態によって出来が違うという話、研究中の新商品の話など、石けんの話はつきなかった。

●ねば塾（長野県佐久市鳴瀬 602-21）

TEL 0267-68-4428　FAX 0267-67-1979　http://www.neba.co.jp/

ぜんまいの煮物

独特の歯ごたえ。玄米ごはんのおかずとしてぴったりの味。

ポイント:ぜんまいは高価なので、増量のため糸コンニャク（あるいは「ぷるんぷあん」）を加えても。煮汁はできあがりがびしゃびしゃしない量で仕上げます。

※「ぷるんぷあん」は、タピオカにコンニャク粉を混ぜた乾燥糸コンニャクの商品名です。でめてるのレシピの中で「糸コンニャク」とあるものは、すべて「ぷるんぷあん」でもつくれます。

【材料】

ぜんまい　生姜　油揚　人参　だし
万能だし　塩　油
※糸コンニャク（あるいは「ぷるんぷあん」）

【つくり方】

1. 水煮のぜんまいを、洗って食べやすい大きさに切り、水気を切る。

2. 生姜の千切りを炒め、人参を加えてさらに炒める。

3. ぜんまいと油揚を加え、だしと万能だし（P.134）と塩少しを加えて煮る。

うどのきんぴら

しゃきしゃき感を大事にしてつくりたい、季節のきんぴらです。

ポイント：うどは汚れたところを取るだけで、皮はむきません。穂先のやわらかいところは大ぷらにするとおいしいです。くたくたに煮すぎないようにします。

【材料】

うど　油揚　人参　しめじ　万能だし　油

【つくり方】

1. うどは、節の部分など汚れたところをとる。

2. 拍子木に切り、菜種油で炒める。油揚、人参、しめじも加えて炒める。

3. 万能だし（P.134）をさっとまわし入れ、強火で手早く炒める。

人参サラダ

新人参が出たらたくさんつくって、朝食のパンと一緒にも。

ポイント：最初の塩加減がとても大事です。水が出ないほど少なくてもだめ、漬物みたいになってもだめ。このサラダはこのままでもおいしいですが、ピーマンや玉ねぎのスライス、クランベリーやレーズン、リンゴ、すりおろした人参を加えても、おいしくなります。

【材料】

人参　玉ねぎドレッシング　塩　こしょう

【つくり方】

1. 人参を千切りにして塩をふる。

2. しんなりして水が出たところで、ザルにあけて水気を切る。

3. ボールに移して、こしょうをふり、玉ねぎドレッシング（P.131）で和える。

たたきごぼうの香味煮

ごぼうなのにスペアリブみたいな、しっかり味のおかずです。

【材料】

ごぼう　ニンニク　生姜　長ねぎ　胡麻油　酒　みりん　醤油

【つくり方】

1. ごぼうをすりこぎなどで叩いてから、5cmくらいの長さに切る。
2. 鍋に胡麻油を熱して、ごぼうを転がしながら炒める。
3. ニンニク、長ねぎ、生姜のみじん切りを加えてさらに炒める。
4. ごぼうがひたひたになるくらい水を加え、やわらかくなるまで煮る。
5. 酒、みりん、醤油を加え、汁気がなくなるまで煮込む。
6. 最後に、長ねぎの青いところを加える。

ポイント:ごぼうがしっかりやわらかくなってから、味をつけること。

凍み豆腐と新玉ねぎのトマト煮込み

凍み豆腐なのにイタリアンふう。たっぷりの新玉ねぎがおいしい。

ポイント：新玉ねぎとトマトは同量です。水は一切入れず、新玉ねぎとトマトの水分で煮込みますが、もし水分が足らないように感じたら、トマトジュースを加えてもいいです。

【材料】

凍み豆腐　新玉ねぎ　トマト
バジルオイル　塩　ローリエの葉

【つくり方】

1. 凍み豆腐を水に戻してから軽くしぼり、食べやすい大きさに切る。

2. 食べやすく切った新玉ねぎを、バジルオイル（P.139）で炒める。

3. トマトと凍み豆腐、塩とローリエの葉を加えて、落としぶたをして煮込む。

夏のおかず

「でめてるの食器」・・・・・・・・・・・・・菊池伸江さん（工房ちゃ）

でめてるで使っている食器には、開店当初から店長が親しくしていた方たちが作ってくれたものがある。30年もたてば割れてしまったものもあるけれど、今も大事に使っているものもある。

白くて平たい丸いお皿と、魚の干物を出す時に使う大きな丸いお皿は、伊東《いとう》里倭《りい》さんが作ってくれた。そして、茨城県笠間市で作陶していた「工房ちゃ」の作品も多い。「工房ちゃ」は、菊池伸江さんと白土侑希さんという2人の女性の工房。残念ながら今はもう作陶していないが、現在も笠間市に住んでいる菊池伸江さんに、でめてるとの出会いについてお聞きした。

2人は、1987年に笠間市に移り住み、1989年から作陶を始めた。その頃、でめてるはすでに開店していた。体を壊したことをきっかけに自ら玄米食をしていた菊池さんは、お客さんとしてでめてるを知っていた。そして、でめてるから注文して、工房ちゃでお皿を作ってもらうことになった。

その後、東京で展示会をするときは、2人で必ずでめてるに寄って食事をしていたのは私もよく覚えている。最近は東京に来る機会が少なくなったけれど、菊池さんは、でめてるのごはんがとても好きだったと言ってくれた。「いつ食べても飽きなくておいしかった。安心して食べられるし、食べるとほっとする。体にもいいけど、心にもいいごはんだと思う」「漬物がたっぷりついていて、それがおいしいのと、ひじきの煮物が食べられるのもいい。あと、禁煙だということと、お客さんが静かで店が騒がしくないのも良かったです」。気恥ずかしいほどの大絶賛だけれど、私も「そうだなあ」と思うことばかりだ。

工房ちゃの作品
いろいろあります。
一番使われてる
のは、この
はしおき
かも。

金時豆のトマト煮

豆とトマトは相性よし。 肉もどきの車麩でボリュームあるおかずに。

ポイント：揚げた車麩が適度に水分を吸って、肉のような食感に。ポークビーンズふうのおかずになります。

【材料】

金時豆　玉ねぎ　車麩　トマトピューレ
塩　こしょう　ローリエの葉

【つくり方】

1. 金時豆はよく洗い、きれいな水に浸けて一晩置く。
2. その水のまま、水分がなくなってやわらかくなるまで煮る。
3. 別の鍋で玉ねぎを炒め、煮えた金時豆を加える。
4. トマトピューレ（P.140）を加えて、塩、こしょう、ローリエの葉も入れて煮込む。
5. 細かく割った車麩をそのまま揚げて、鍋に加える。

そばサラダ

そば好きにもそうでもない方にもおすすめする和風サラダ。

ポイント：ドレッシングをかけたら、なるべくすぐに食べることをおすすめします。どんな野菜を入れてもおいしいけれど、茎ワカメ（あるいはワカメ）は入れたほうがおいしいです。

【材料】

そば（乾麺）　茎ワカメ　お好みの野菜
胡麻油　基本のドレッシング　味噌　醤油

【つくり方】

1. そばは、半分に折ってから固めに茹でる。

2. 茹で上がったそばを水で洗って水気を切ってから、胡麻油をまわしかける。

3. そばに、茎ワカメとお好みの野菜を混ぜ合わせる。

4. 基本のドレッシング（P.128）に、味噌と醤油を少し混ぜて味噌ドレッシングを作って、かける。

ラタトゥユ

夏野菜のうま味を丸ごと味わえる簡単料理です。

ポイント：ズッキーニの代わりはきゅうりでもいいです。野菜の水分だけで煮るからおいしい一品です。

【材料】

お好みの夏野菜　塩　こしょう　ローリエの葉

【つくり方】

1. 玉ねぎ、ナス、ズッキーニ、トマト、ピーマンなど、夏野菜を一口大に切ってバジルオイルで炒める。

2. 塩、こしょう、ローリエの葉を加えて、煮込む。

野菜カレー

たっぷりのスパイスと野菜のうま味が凝縮した自慢のカレーです。

ポイント：スパイスの配分は秘密ということで。いろいろとお好みで工夫してみてください。2の段階のルーの状態でなら日持ちもします。

【材料】

玉ねぎ　塩　スパイス　水　お好みの野菜や豆

【つくり方】

1. 玉ねぎのみじん切りを、焦げ付かないように1時間じっくり炒める。

2. 塩とスパイス（オールスパイス、コリアンダー、クミン、ターメリック、ナツメグ、クローブ、シナモン、カルダモン、ニンニクと生姜のすりおろし、ローリエの葉）を入れ、水を加えて、1時間煮込んでルーをつくる。

3. ルーを鍋にとり、揚げた野菜、とうもろこし、豆、トマトなどを加えて少し煮る。

「中央線文化のはじまりの地」・・・長本光男さん（長本兄弟商会）

30年前に、でめてるを開店するにあたり、お世話になった人達の1人が、西荻窪にある長本兄弟商会のナモさんこと長本光男さん。1960年代後半の国分寺ヒッピー文化に深く関わり、国分寺のロックバー「ほら貝」を経営し、1975年くらいから野菜の引き売りを始め、1976年に西荻窪で八百屋を開店した方。この八百屋が発展して「ほびっと村」になって今に至る。1階が八百屋「長本兄弟商会」、2階がカフェレストラン「バルタザール」、4階が書店「ナワ プラサード」。今も中央線カルチャーの中心地である。

「お世話なんかしてないと思うけどな。覚えてないよ」とナモさん。30年も前のことは店長も細かいことを覚えていないから、今となってはいろいろとうやむやなのだけれど、でめてるの内装や、大きなテーブルは、ほびっと村の中に入っていた「ジャムハウス」に作ってもらった。

「野菜の仕入れについては教えたかもしれないね」。長本兄弟商会1階にある八百屋の品揃えを見ると、確かに、でめてると共通するものが今も感じられる。1970年代後半から、でめてるが開店した1982年頃は、ヒッピー文化を基に、中央線沿線を「オーガニックロード」と呼びたい独特の文化が広がった時代だ。「あの頃の国分寺は面白かったよ〜」とナモさんは言う。若者がつくった新しい自由な店、そこに集まる個性的な人たち。「あの頃は、ふつうの世間の人とはつきあってなかったからなあ」というナモさんの言葉に笑った。マイノリティの若者達がつくり出したものの流れに、ほびっと村があり、形を変えて伸びた先に、でめてるもあった。以前に全国の自然食店やオーガニックレストランのガイドブックを作ったとき、「西荻のナモさんに影響された」と言う人に何人も会ったことを思い出す。

●長本兄弟商会（杉並区西荻南 3-15-3）
TEL 03-3331-3599

とうもろこしのスープ煮

とうもろこしの芯からうま味がにじみ出ていることを感じます。

ポイント：生のとうもろこしを煮ることで、スープにうま味も出るし、スープがとうもろこしによく染み込んで、しみじみおいしいです。

【材料】

とうもろこし　玉ねぎ　しめじ　塩　こしょう

【つくり方】

1. 玉ねぎを炒めて、しめじを加えてさらに炒め、水を入れる。

2. 生のとうもろこしを 4㎝くらいの厚さの輪切りにして加える。

3. 塩、こしょうを加えて煮込む。

蒸しナスの豆腐バジルソース

蒸してくったりしたナスに、まろやかな豆腐ソースが絶妙です。

ポイント：豆腐ソースはたっぷりかけた方がおいしいです。彩りにプチトマトを添えれば、きれいな一品に。

【材料】

ナス　豆腐　バジルオイル　酢　塩　こしょう

【つくり方】

1. ナスを蒸し器で蒸す。
2. たて4分の1に切る。
3. 豆腐を茹でてフキンで包んで、重しをして水気を切る。
4. 絞った豆腐をすり鉢に入れ、バジルオイル(P.139)、酢、塩、こしょうを加えて、なめらかになるまであたる。
5. 蒸しナスに❹の豆腐ソースをかける。

ししとうの揚げ煮

あまりにも簡単なのにおいしい。玄米ごはんを引き立てる味。

ポイント：ししとうは揚げすぎないこと。さらに煮すぎないこともポイントです。漬物代わりとしても、お酒のあてとしても嬉しい一品です。

【材料】

ししとう　万能だし　油

【つくり方】

1. ししとうは、揚げる時に爆発しないよう真ん中に切れ目を入れる。

2. ししとうを素揚げする。いい香りがしたらOK。

3. 揚げたししとうを鍋に入れ、万能だし(P.134)をからめながら煮る。

トマトサラダ

玉ねぎの甘味とトマトの酸味がからみ合うおいしさ。

ポイント：サラダというより「玉ねぎドレッシングに漬け込んだトマト」という感じです。冷蔵庫で冷しておくとさらにおいしくなります。

【材料】

トマト　玉ねぎドレッシング　緑の野菜や豆

【つくり方】

1. トマトを好みの形に切り、玉ねぎドレッシング（P.131）で和える。

2. 枝豆やきゅうりなど、緑の野菜や豆を加えて盛りつける。

「稲田さんのきままな野菜畑」・・・・・・・・・稲田美代子さん

東京から車で2時間ほど。かつて北巨摩郡と呼ばれた8町村が合併してできた山梨県北杜市。ここで稲田美代子さんが作る野菜が、一週間に一度店に届く。段ボールを開けたとたん、ぎっしり詰められた、見るからに元気一杯な野菜に嬉しくなる。稲田さんに会いに行ってみて、あの元気一杯の野菜の理由がわかった気がした。稲田さんはよく笑う。「あはははっ」と気持ちよい笑い声を聞きながら、田んぼや畑を見せてもらった。田んぼの横にある土手の草刈りが大変なことを話しながらも、「大変なのよ、あはははっ」と笑うから、「大変ですね」と返しつつ、なんとなくにこにこしてしまう。

稲田さんの畑は、自称「きままな野菜畑」だ。確かに、この一角がきゅうりでこっちの一角がトマトで、というように整然としてはいない畑だった。素人目にも、いろんなものがあちこちからわさわさ生えている印象。「これは勝手に生えてきた小豆ね」「ここらへんにわけわかんないものが放ってある」。変わったものが作りたくなる浮気性なので、新しい種を買っていろいろ作ってみると言う。勝手に種が落ちて育ったものもたくさんある。もちろんそうやって生えてきたものを全部育てるわけではなくて、稲田さんなりの取捨選択がある。「そのまま育てるやつと退治されるやつといるのよ」。「退治されるやつ」は、引っこ抜かれて放ってあるが、いずれ腐ってちゃんと肥料になる。

「はいこれ」と、もいだトマトを手渡され

た。傷のような亀裂が入っている。「雨が降るとトマトってこんなふうに割れちゃうの。こうなると売れないんだけど、でも甘いのよ」。かぶりついてみると、おひさまの匂いがして、とても味が濃くておいしい。からだの中に滋養が広がる。「畑で食べる味は格別でしょ」と、稲田さんももぐもぐトマトを食べる。どんな調味料もいらない、レストランでは出せない味だった。

稲田さんは、愛媛県の農家の出身。東京で予備校講師などをしながらも、いつか田舎暮らしをしようと考えていて、11年前にこちらに移った。「実家が農家だったから、百姓への憧れみたいのはないのよ」。3年前にお母さんが一緒に暮らすようになり、現役お百姓のお母さんは強力な即戦力になっている。私が訪ねたときも、お母さんが蛾避けネットをトマトにていねいにかけていた。「私は面倒だからこういうのやらないから。あはははっ」と稲田さん。二人のコンビはすごくうまくいっているように見えた。ちなみに、ニワトリ3羽と、三毛猫のムギちゃんという家族もいる。

訪ねた日にいただいたお昼ごはんは、冷やしうどん、揚げ茄子の煮浸し、白インゲンとトマトのマリネ。うどんの小麦や白インゲンも含めて、すべて稲田さんが作った野菜を使っていた。これを本当の「ご馳走」と言うのだろう。冷やしうどんにかけたお醤油も自家製。「野菜作りも好きだけど、加工品を作るのも好き。醤油、味噌、糀を作っている。特に糀作りは難しいけど面白い」。今度はぜひ糀作りを教えてもらいたい。

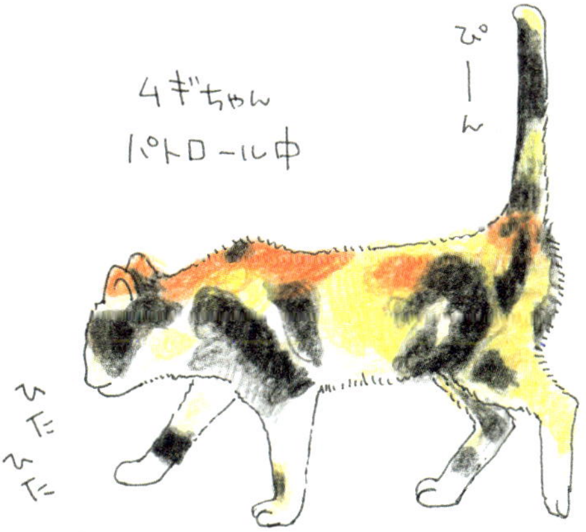

●稲田美代子さん（山梨県北杜市高根町村山西割1135）
TEL&FAX 0551-47-4030

冬瓜の煮物

ごくごく薄味で冬瓜も淡白なのに、じんわり滋味を感じる一品。

ポイント：お好みで、酒、みりん、醤油を少し加えてもいいですが、でめてるでは塩だけであっさりつくります。冷やしてもおいしくいただけます。

【材料】

冬瓜　昆布　煮干し　厚削り　油揚　しめじ　塩

【つくり方】

1. 昆布、煮干し、厚削りで、基本のだしよりも濃いだしをつくる。
2. 冬瓜は大きめに切って皮をむいてから、一口大に切る。
3. だしに冬瓜としめじと油揚を入れてコトコト煮る。
4. 塩で味を整える。

揚げナスのマリネ

揚げたナスがマリネ液をたっぷり含んで、ご馳走になりました。

ポイント：ナス以外の野菜は、ピーマンでも茹でたじゃがいもでも、ズッキーニでも椎茸でもおいしいです。

【材料】

ナス　酢　油　塩　こしょう　好みの野菜

【つくり方】

1. 縦割りにしたナスを素揚げする。

2. 酢と油を1：2、これに塩こしょうを加えた「マリネ液」をつくる。

3. マリネ液に、揚げたナスとお好みの野菜を入れて漬けて、冷蔵庫で冷やす。

ニラのナムル

ニラは歯ごたえがいい野菜なのだと、ナムルにして知りました。

ポイント：シンプルなので、ニラの質がすべてです。良いニラと良い胡麻油で作ってください。

【材料】

ニラ　塩　胡麻油　白胡麻

【つくり方】

1. ニラを食べやすい長さに切ってから洗い、茹で過ぎないようにさっと茹でる。

2. よく水気を切ったニラに塩をふり、ごま油を加えて和える。

3. 白ごまをたっぷりふって混ぜる。

おからサラダ

ポテトサラダよりさっぱりしていて好きと言う方も多いです。

ポイント：おからはあしが早いので、蒸した後にしっかり冷まします。でめてるでは、おからは冷凍してあるので、カチコチのまま蒸し器に入れます。野菜はなんでもいいけれど、カラフルなパプリカを入れるときれいです。

【材料】

おから　お好みの野菜　マヨネーズ

【つくり方】

1. おからを蒸し器で蒸す。

2. しっかり冷ます。

3. お好みの野菜と合わせて、マヨネーズ(P.137)を加えて混ぜる。

コンニャクのマリネ

コンニャクにしっかり味が染みた、おいしいマリネです。

ポイント：コンニャクによく味が染みるまで、冷蔵庫で冷やしてから食べます。

【材料】

コンニャク　しめじ　紫玉ねぎ　パプリカ　ニンニク
塩　こしょう　レモン　ローリエの葉　酢　油

【つくり方】

1. 酢と油を１：3入れたところに、ニンニク、塩、こしょう、ローリエの葉、紫玉ねぎ、パプリカ、レモンの薄切りを入れて、マリネ液を作っておく。

2. コンニャクを薄く切り、熱湯でしっかり茹でて水気を切り、熱いうちにマリネ液に漬ける。さっと炒めたしめじも一緒に漬ける。

くらたさんのサラダ

いろいろな種類の旬の野菜のおいしさがあふれるサラダです。

ポイント：新鮮なので、そらまめも皮ごと食べます。

【材料】

くらたさんの野菜　ドレッシング

【つくり方】

1. 届いたばかりの野菜をそのまま、あるいは固めに茹でて盛りつける。

2. お好みのドレッシングをかける。

「筑波山麓から届く野菜」・・・・・・・・倉田健さん（くらた農園）

かつて八郷町《やさとまち》と呼ばれた日本でも有数の有機農業の町。今は合併して石岡市になった。筑波山麓のこの地に、倉田さんの農園がある。点在する小さな田畑6カ所ほどで、化学肥料や農薬を使わずに米や野菜を育てている。

倉田さんは東京生まれ。大学の獣医学科を卒業して獣医師になった。都会でペットとして溺愛される動物たちと接しながら、疑問や戸惑いを感じていたそうだ。東京と長崎で獣医の仕事をし、教師という職にも就きながら、その間ずっと「百姓になる」ことが頭の中にあったような気がすると言う。

2008年の春に八郷町のスワラジ学園に来た。スワラジ学園は就農による自立のための施設として2002年に誕生。「スワラジ」とはガンジーがインド独立運動で使ったスローガンのひとつで、「自治・自立」を意味する。現在は、スワラジ・セミナーハウス「百姓の家」として、「農的暮らしを目指す人の拠点」になっている（http://www.swaraj.or.jp/）。スワラジ学園創設者・筧次郎さんの農園に研修生として入り、1年間研修した後、近くに家を借りて移り住み、周辺に少しずつ自分の田畑を増やした。「昔からの百姓のやり方」と倉田さんは言う。機械も使うが、それより鍬や鎌を大事にする。自給自足が基本のため少量多品目をつくる。能率は求めるけれど効率は求めない。

3月11日の東日本大震災後に起きた福島第一原発事故の影響は、150キロ離れたこの地でも無視できなかった。さま

きゅうりをとる倉田さん

ざまな意見が交錯する中、倉田さんの結論は、「自分の野菜を食べてくれる人たちには正しいことを伝えたい」ということだった。仲間とともにカンパを集めて放射線測定器を購入し、測定結果を伝えてくれている。

稲は一本一本手植えするので、他所の田んぼに比べると隙間があいていて風通しが良さそうだった。まるまると太ったおたまじゃくしが元気一杯にたくさん泳いでいた。「いくらなんでも草ぼうぼうだなー」と苦笑しながら案内してくれた畑は、確かに草ぼうぼうだけれど、力強い命の息吹が見える。どっしり育った西瓜を葉をかき分けて見つける楽しさ。薄いピンク色をした胡麻の花の可愛らしさ。倉田さんが好きな野菜だという「しまうり」の根元に優しく置かれた藁の束。東京生まれで身近な植物の名前もろくに知らない私には、わくわくする光景だった。

畑は少しずつ条件の違う場所に点在する。それぞれの地形や土や水はけに合った作物を考えるのは楽しいと倉田さん。歩いてまわれる距離ではないから、点在する複数の畑での農作業は大変そうだ。仕事はたくさんあって人手は足りない。田植えや草取り、稲刈りは、友人知人が折々にやって来て手伝ってくれる。私が訪ねた日も、昔の職場の同僚たちが田んぼの草取りに来ていた。一仕事のあとは近くの温泉で汗を流す。私ではあまり役に立ちそうもないけれど、今度ぜひ参加してみたいと思った。

●くらた農園（茨城県石岡市小幡 1613-7）
PHS 070-5550-6823

インゲンのサラダ

インゲンとサクサクしたシリアルと、食感が楽しいサラダです。

ポイント：シリアルの歯ごたえが意外においしい一品。レーズンが混ざっているシリアルがおすすめです。

【材料】

インゲン　シリアル　基本のドレッシング

【つくり方】

1. インゲンを固めに茹でる。

2. シリアルをかけて、基本のドレッシング（P.128）をかける。

きゅうりのピリ辛醤油漬

サラダ代わりにも、漬物代わりにもなる、便利な常備菜です。

ポイント：一晩くらいおくとおいしいです。漬け汁が余ったら、新しいきゅうりを足してしばらく食べられます。

【材料】

きゅうり　長ねぎ　豆板醤　醤油　水

【つくり方】

1. きゅうりを軽く叩いてから、縦半分にして、長さ4㎝程度に切る。

2. 豆板醤たっぷりに、醤油と水を1：1入れて混ぜる。

3. きゅうりと長ねぎのみじん切りを❷に漬け込む。

「地産地消を支えて35年」 木村章二さん（三多摩たべもの研究会）

「三多摩たべもの研究会」通称「たべ研」（代表・木村章二さん）とは、でめてる開店以来のおつきあい。1976年に野菜の引き売りから始まったたべ研の取扱品の30%は、地元である東京三多摩産で、東京近県もあわせると、実に取扱品の70%が三多摩と東京周辺で作られる。この地産地消が最大の特長。

野菜は、八王子市の鈴木俊雄さんと瑞穂町の清水永一さんが作る無農薬有機野菜。鈴木さんは、自分の体に農薬の影響を感じて恐ろしく思った体験から、無農薬の農業を目指した方。清水さんは、ご両親の代から農薬に疑問を持っていた農家で、もともとお客さんへの直接販売を大切にしていた方。

でめてるでは、野菜の他に加工品や調味料もたべ研から仕入れていて、どれも欠かすことのできないものだ。小山さん（国立市）の納豆、ヤマキ醸造（埼玉県）の醤油。ブーフーウー農場（山梨県）の玉子など。

福島第一原発の事故後、たべ研では、特に放射性物質を吸収しやすいといわれる小松菜を、八王子市の鈴木さんや鈴木さんから野菜を購入しているもうひとつの団体と相談の上、放射能汚染食品測定室（千代田区、代表・藤田祐幸さん）での測定に出した。結果は検出限界5bq/kgで不検出。木村さんは、「鈴木さんは毎年土の成分を分析に出して、肥料の過不足がない土づくりをしてきた。こうした土づくりが、不検出という結果につながったとも思う。今後もやれることをやっていく」と言っている。たべ研の設立以来変わらないモットーは、『安心して食べられるものは生産者との信頼関係を通してのみ得られる』というもの。生産者の苦労に常に心を寄せ、消費者が安心できるものを届けてくれる。

●たべ研のお店（東京都国分寺市本多 3-3-2）
TEL 042-322-6681　FAX 042-322-6682　http://www.tabeken.net/

「酒田から届くおいしい玄米」・・・・佐藤隆一さん（太ももの会）

お米の袋についている
佐藤さんの絵のラベル。

でめてるの玄米ごはんは、15 年ほど前から、「三多摩たべもの研究会」を通して、山形県酒田市の「太ももの会」の有機栽培米を使っている。土にはミネラル分を入れて、田んぼには合鴨を放ち、おいしいお米を作っている。

「太ももの会」というユニークな名前は、メンバーの佐藤隆一さんがつけたそうだ。「ミヒャエル・エンデの『モモ』が好きで、モモというのを名前に入れたいと思っていたんだけど、ある日テレビを見ていたらハイレグ娘が出てて、『あっ、太もも！』と思って、太ももの会になりました」と、名前の由来を説明してくれた。基本的には真面目な、でもユーモアが加わった楽しい名前。この玄米のおいしさともども、一度知ったら忘れられない。

佐藤さんは若い時から絵を描くのが好きだった。「ずっと絵の方でやっていきたいと思っていて、絵を描きながらあちこち放浪したりしてたんだけれど、25,6 歳の時に実家に戻って、そのとき親父に、百姓やらねーかと言われて、やるようになったんです」。今、太ももの会のお米や他の商品のパッケージには、佐藤さんの手による楽しい絵が添えられ、その才能は生かされている。

「太ももの会」は、佐藤さん含めて 3 人の仲間でやっており、現在は、米の他に大豆も作っていて、でめてるでも大好評の「小山さんの納豆」は、この大豆で作られる。

佐藤さんは何度かでめてるに来て玄米ごはんを食べている。自分の米をほめるのは気恥ずかしいようだけれど、「でめてるの炊き方は、頃合いが良くておいしいね」と言ってくれた。自宅でも毎朝、でめてると同じヘイワの圧力鍋を使って炊いた玄米ごはんを食べているそうだ。一緒に食べるのは納豆と味噌汁。納豆と味噌汁の味噌の大豆も自家製なわけだから、なんて贅沢なんだろうと佐藤さんがうらやましい。

●太ももの会（山形県酒田市広野字福岡 628-2）
TEL 0234-92-3660　FAX 0234-92-3659　http://www.futomomo.jp/

揚げナスのピリ辛中華風

マリネと似てますが、しっかりピリ辛で、ごはんのおかずになります。

ポイント：ナスは揚げると小さくなるので、大きめに切ります。

【材料】

ナス　生姜　ニンニク　長ねぎ　酢　油
醤油　豆板醤

【つくり方】

1. 生姜、ニンニク、長ねぎ（白い部分）をすべてみじん切りにして、酢と油1: 1、醤油と豆板醤を好みで入れた漬け汁を作る。

2. ナスを大きめの乱切りにして素揚げし、揚げたそばから漬け汁に漬ける。

秋のおかず

油揚のきのこはさみ焼き

油揚にきのこをはさんでカリッと焼きます。お酒のあてにもよし。

ポイント：油揚から油が出るので、焼く時に油はひきません。

【材料】

油揚　しめじ　椎茸　長ねぎ　胡麻油　醤油

【つくり方】

1. しめじと椎茸を食べやすい大きさに切る。
2. 長ねぎは斜めうす切りにする。
3. 胡麻油で、きのこと長ねぎを炒めて、醤油で軽く味をつける。
4. 油揚を半分に切って袋状にし、十分にさました❸の具を詰めて、フライパンで焼く。

「近所においしいお豆腐がある幸せ」 星野武郎さん（星野豆腐店）

お豆腐、油揚、厚揚、おからは、国分寺の星野豆腐店から買っている。でめてるから歩いて2分ほどのところにある。星野武郎さん（通称たけちゃん）が現店主で、星野豆腐店の4代目である。創業は明治時代、このあたりは一面に桑畑が広がっていたそうだ。でめてるは、3代目の幹夫さん、つまりたけちゃんのお父さんの代からのつきあい。当時から、星野豆腐店には看板がない。幹夫さんは、豆腐屋ごときが看板なんか立てるなと常々言っていたそうだ。大きく開かれた窓から、水にぷかぷか浮かぶ白いお豆腐がよく見えるので、お豆腐屋さんということは一目瞭然。きれいなお豆腐の姿がなによりの看板だ。

幹夫さんが病に倒れて、25歳のたけちゃんが後を継いだのが25年前。それ以前から店を手伝っていたとはいえ、「お豆腐が固まらなかったりして、2、3カ月は大変だった」とたけちゃんは当時を振り返る。その頃はお豆腐1丁100円、今は150円だが、かつて「かけそばの値段と同じ」と言われてきたお豆腐は、かけそばに比べてなんと値上がりせず今もお安いものかと思う。数々の名言が残る3代目の幹夫さんの口ぐせに、「100円で本物が食えるのは豆腐だけ」というのがあったそうだが、まさにその通りだと思う。

でめてるでは油揚をたくさん使う。これがおいしい。油揚は、油揚用のお豆腐を作ることから始まる。そのまま食べる普通のお豆腐と違って、途中で火を落として温度を下げ、油で揚げた時点で100％の火の通りになるように仕上げる。この「途中で火を落として温度を下げ」るときのタイミングの見極めが難しいそうだ。できた油揚用のお豆腐は、切ってすだれに並べて重しをのせて水気を切ってから、たっぷりの油で揚げる。お豆腐を切る厚みも、薄すぎたら真ん中がうまく開かないし、厚すぎたら厚揚みたいになってしまう。油揚や厚揚を揚げるのは、たけちゃんのお母さんの夏江さんの仕事だ。

でめてるでは、バケツを持ってお豆腐を買いに行く。たけちゃんと夏江さんが黙々と仕事している様子を見るのが好きだ。近所においしいお豆腐屋さんがあるのは幸せなことだ。

●星野豆腐店（国分寺市）

かぶとりんごのサラダ

かぶの甘み、りんごの酸味がとてもいいコンビネーションです。

ポイント：かぶのおいしい季節に作りたいシンプルな一品です。

【材料】

かぶ　りんご　塩　基本のドレッシング

【つくり方】

1. かぶとりんごを、4㎜くらいの厚さに切り、塩を軽くふる。

2. 少ししんなりしたら、基本のドレッシング（P.128）をかける。

さつまいもの天ぷら

三里塚から届くさつまいもでつくる、ほくほくの天ぷらです。

ポイント：さつまいもの天ぷらは、厚めに切ったほうがおいしいです。串を刺してみて、ぐっと通ったら揚がっています。

【材料】

さつまいも　小麦粉

【つくり方】

1. さつまいもは 1.5㎝くらいの厚さに切る。

2. 水溶き小麦粉の衣をつけて、中火でじっくり揚げる。

さつまいもと小豆のいとこ煮

素材の甘味がじんわりおいしい、人気のおかずです。

ポイント：水は少なめに、ほっくりと仕上げます。さつまいもと小豆の甘さだけで十分においしいです。

【材料】

さつまいも　小豆　塩

【つくり方】

1. 小豆は2回くらい茹でこぼしながら、やわらかく茹でる。

2. さつまいもは皮つきのまま一口大に切って、水にさらす。

3. 少なめの水でさつまいもと小豆を炊き、塩少々加える。

さつまいもの袋煮

油揚のうま味とさつまいもの甘さが名コンビ！

ポイント：さつまいもは、油揚が破れない程度にたくさん入っているほうがおいしいです。

【材料】

さつまいも　油揚　かんぴょう　だし　万能だし

【つくり方】

1. さつまいもを細かく切る。

2. 油揚を 2 つに切って袋状にしたところに、さつまいもをたっぷり詰める。

3. 油揚の口をかんぴょうで結び、だしと万能だし(P.134)で煮る。

さつまいものコロッケ

おやつにもぴったり。ほくほくの甘いコロッケです。

ポイント：黒胡麻を入れることで、ほくほくの中にぷちぷちが。このコロッケには、ソースより塩がよく合います。

【材料】

さつまいも　玉ねぎ　塩　こしょう
黒胡麻　小麦粉　パン粉　油

【つくり方】

1. さつまいもをふかして、皮ごとつぶす。

2. 玉ねぎをみじん切りにして油で炒める。

3. さつまいもと玉ねぎと黒胡麻を混ぜて、塩こしょうし、コロッケ型に丸める。

4. 水溶き小麦粉をくぐらせてからパン粉をまぶして揚げる。

揚げ大豆のじゃこ和え

玄米ごはんにとても合います。噛みしめるほどにおいしい。

ポイント：調味料の量は少なめに。大豆とからんだときにアメ状になるくらい。

【材料】

大豆　ちりめんじゃこ　片栗粉　鷹の爪
醤油　みりん　酒

【つくり方】

1. 大豆は一晩水に漬けてから水気を切り、片栗粉をまぶして揚げる。

2. 鍋にちりめんじゃこを鷹の爪と一緒に入れてから炒りする。

3. 醤油とみりんと酒を加えてひと煮立ちさせてから、揚げた大豆を加える。

「宇和海を渡る風に育てられて」・・・・・・・・・・・無茶々園

山の上から.宇和海と段々畑を臨む。

このあたりが無茶々園発祥の地だそうです。

みかんの有機栽培を始めたのは、1974年。愛媛県西南部に位置し、宇和海に向かって町全体が南に向き日当りが良い地形。お城を囲むものと同じ組み方の美しい石垣に守られた段々畑で、無農薬有機栽培のみかんが作られる。石垣は土に風を呼び込んでよく乾燥させるため、みかんが強く甘くなる。その分、木の生育には気を使うし、急斜面での作業は過酷でもある。

無茶々園では、みかんの他、安心安全な米や野菜、海の幸、真珠なども扱う。でめてるでは、年末にみかんを買い、一年を通して切り干し大根とちりめんじゃこを買って料理に使っている。切り干し大根とちりめんじゃこは、明浜にある網元「祇園丸」の船着き場の横で天日干しされる。大根とじゃこが同じ場所で干されているというのが面白い。

切り干し大根の大根は、松山市郊外の無茶々園の畑でつくられる無農薬有機栽培のもので、切ってから、浜の干場に並べられ、1月から2月の晴れた日に、3日ほどかけて干し上げられる。

じゃこは、網元「祇園丸」が網を引いて獲ってくるとすぐに洗浄し、塩分調整した海水で茹で上げる。100℃で約2，3分茹で、茹で上がったら脱水し冷却され、浜で天日干し。夏は2時間ほど、冬は3，4時間で干し上がるそうだ。干し上がったちりめんじゃこは、人の手で異物を取り除かれる。異物とは、干している間に混じったゴミや、海で一緒に網にかかった小さな稚魚など。これらをていねいに取り除く。この作業を見せていただいたけれど、ピンセットを使ってひとつひとつ取り除く気の遠くなるような作業。これら一連の仕事を、網元「祇園丸」の佐藤吉彦さん一家４人とお手伝いの方たちで行う。漁獲から加工までの一貫生産、天日干し、手作業。こういう行き届いた仕事によって、噛むほどに味のある、おいしいちりめんじゃこができる。

祇園丸の佐藤さん一家に引き合わせてくれたのは、無茶々園の代表取締役、大津清次さん。大雨の中、車であちこち案内してくださった。無茶々園では見学は随時歓迎していて、都合さえあえば誰にでも農園や海の仕事の現場を見せてくれる。近くには絶景を見ながら入れる「塩温泉」もあり、名物の「さつま飯」「ひゅうが飯」が食べられる民宿もあるので、旅行としてもおすすめ。

無茶々園は、『大地とともに心を耕せ』をモットーに、環境を破壊せずにつくる安全安心な食べ物を通して、エコロジカルな「町づくり」を目指してきた運動体。地域の環境と文化を守り、若者が伝統的な農業や漁業を引き継ぎ、お年寄りは病気になっても人間らしく人生をまっとうできる、そういうあたりまえの人間の一生を守っていく「運動体」だという自覚は、すみずみから感じられた。

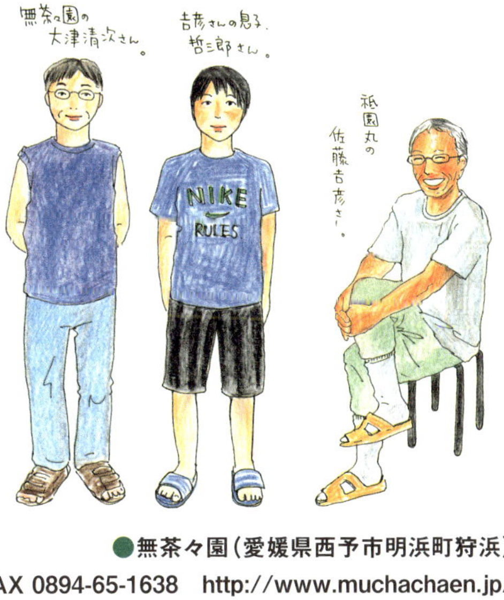

●無茶々園（愛媛県西予市明浜町狩浜）
TEL 0894-65-1417　FAX 0894-65-1638　http://www.muchachaen.jp/

揚げかぼちゃのじゃこ和え

しっとりした揚げかぼちゃと、じゃこの食感が意外に合う！

ポイント：かぼちゃとじゃこがなぜかよく合います。ごはんがすすむおかずになります。

【材料】

かぼちゃ　ニンニク　鷹の爪　オリーブ油
ちりめんじゃこ　塩　こしょう

【つくり方】

1. かぼちゃをくし型に切って素揚げする。

2. 鍋にオリーブ油をひき、ニンニクのみじん切りを熱し、小口切りの鷹の爪を加えて、じゃこを入れて炒める。

3. 揚げたかぼちゃを加えて混ぜ、塩こしょうで整える。

柿とかぶのなます

白と柿色のきれいななます。適度に熟れた柿とかぶの相性の良さ。

ポイント：柿の甘さだけなのに、ちょうど良い甘味と酸味になります。

【材料】

柿　かぶ　酢

【つくり方】

1. かぶは薄く(薄すぎず)切って塩をふる。

2. 固めの柿を大きめに切り、かぶと合わせて、酢をふる。

きのこのクリーム煮

ほっこりあったまる。さっぱりしたクリーム煮です。

ポイント：牛乳で濃度を調整しながら作ります。

【材料】

きのこ　玉ねぎ　牛乳　小麦粉
ローリエの葉　塩　こしょう　油

【つくり方】

1. ざくざく切った玉ねぎをよく炒め、小麦粉を入れてさらに炒める。
2. だまにならないように牛乳を少しずつ加えて、クリーム状にする。
3. お好みのきのこ、野菜、ローリエの葉を加えて、塩こしょうで味を整える。

さつまいものりんご煮

砂糖を入れないのにこんなに甘い。そして甘いだけじゃない。

ポイント：これも、砂糖など加えなくても甘くておいしい一品です。

【材料】

さつまいも　りんご　塩

【つくり方】

1. さつまいもは食べやすい大きさに切って水にさらす。

2. りんごはざく切りにしてさつまいもと一緒に水で煮る。塩少し入れる。

3. 煮汁がなくなって、さつまいもがほっくりしたらできあがり。

白菜の煮浸し

白菜をどっさり食べられる、シンプルな料理です。

ポイント： 白菜の水分だけで煮るから、白菜の甘味がぎゅっと凝縮。おいしいけれど見た目はとても地味なので、人参の薄切りを入れると彩りがきれいになります。

【材料】

白菜　油揚　しめじ　油　塩　酒　醤油

【つくり方】

1. 白菜をざくざく切り、菜種油で炒める。

2. 油揚としめじを加えて煮る。

3. 塩、酒、醤油少しで味を整える。

茹で里芋の中華風

ねっとりした里芋に、中華ドレッシングがからむおいしさ。

ポイント：里芋は、前日にタワシで洗ってざるにあげておき、乾いてから皮をむきます。揚げた里芋でつくってもおいしくできます。

【材料】

里芋　中華ドレッシング

【つくり方】

1. 里芋は皮をむいて一口大に切り、茹でる。

2. 茹でたてを、中華ドレッシング（P.132）にどんどん漬けていく。

「だんぜんおいしい青大豆」・・・・・・・・・・・・・・・共働学舎

青大豆は、ふだんなかなか町のお店ではお目にかかれない。枝豆と青大豆を同じものだと思っている人もいるくらい。枝豆は、大豆を未成熟な状態で収穫したもの。青大豆は、「青大豆」という大豆の一品種で、成熟した豆。形も大きさも一般的な「大豆」と同じくらいで、色はきれいな薄緑色をしている。これが、茹でるとふっくらふくらんで、ツヤツヤに輝く鮮やかな黄緑色になる。ほんとうに宝石のような美しさだといつも思う。浸し豆や酢大豆にすることが多く、味噌の原料としても好まれているらしい。でめてるでは、固めに茹でて大根おろしに酢醤油をかけて添えたものが人気だ。茹ですぎないことが大事なポイント。歯ごたえと、豆の味。おいしい。「どんぶりいっぱい食べられる」と言う人も多く、私もその一人だ。

この美味しい青大豆を作っているのが、信州共働学舎。北海道にも農場を持つNPO法人だ。1974年に、「競争社会ではなく、協力社会を」という言葉を掲げて、宮嶋真一郎さんによって創設された。宮嶋さんは、羽仁もと子さんが創立した自由学園に学び、卒業後に自由学園の教師になり、31年間勤めた後、この共働学舎を立ち上げた。ここでは、心身にハンディーのある人たち、さまざまな理由で社会での生き辛さを抱えた人たちと共同生活を行いながら、農作業をし、家畜を飼い、加工品作りや販売を行っている。

東京でたまたまやっていたバザーで、共働学舎でつくる野菜や豆や加工品を知り、どれもこれもおいしいのでびっくりした。青大豆もこのバザーでの出会いだ。でめてるのメニューには使っていないけれど、ソーセージやチーズもとてもおいしいのでおすすめ。共働学舎のパンフレットで、創立者の宮嶋さんはこう書いている。「生きるためには、どんな人でも食べ物と住居と衣服が必要です。これらを自らの力で作り出すことの喜びを味わうことが、生活の豊かさの大切な要素ではないかと考えます。その苦労が人間性を高く深く成長させると信じます」。

協働学舎で作っている
チーズ。とてもおいしいです。

●共働学舎
http://www.kyodogakusya.or.jp/

冬のおかず

共働学舎の青大豆の酢醤油

青大豆独特のおいしさを味わえます。大根たっぷりで。

ポイント：青大豆は固めに茹でること。昆布と柚子の皮を細く切って入れておくとおいしいです。

【材料】

共働学舎の青大豆　塩　大根　酢醤油

【つくり方】

1. 青大豆は、一晩水につけてから、ざるにあげて水気を切る。

2. 塩ひとつまみ入れて沸騰させた湯に、青大豆を入れて 10 分位茹でる。

3. ざるにあげ、冷水で洗ってから水気を切って、軽く塩をふっておく。

4. 青大豆に大根おろしをたっぷりとのせ、酢醤油（酢と醤油1：1）をかける。

はんのうれんの蓮根フライ

水俣はんのうれんから届く蓮根は、味が濃くてとてもおいしい。

ポイント：蓮根は皮はむきません。1cmくらいの厚めに切るのがおすすめです。食べるときは、そのままでも、醤油、ソース、塩、どれをかけてもおいしいです。

【材料】

はんのうれんの蓮根　小麦粉　パン粉

【つくり方】

1. 蓮根をタワシで洗い、厚めの輪切りにする。

2. 水溶き小麦粉にくぐらせてからパン粉をまぶして、揚げる。

押し麦のリゾット

食欲のないときやお腹が弱っているときにもおすすめの優しい味。

ポイント：優しい塩味のリゾットですが、もっとパンチの効いた味にしたいときは、ラー油やナンプラーをたらすと東南アジアふうの味になります。水の代わりにトマトジュースで煮込んでトマト味のリゾットにしてもおいしい。

【材料】

押し麦　ごぼう　玉ねぎ　車麩　水
きのこ　昆布　塩

【つくり方】

1. ごぼうと玉ねぎをよく炒める。

2. 押し麦と、押し麦の 2 倍の量の水、お好みのきのこを加え、昆布と塩を入れて煮る。

3. 車麩を、水に戻さずにざく切りにして素揚げし、これも加えて煮る。

大根と人参のフライ

根菜のうま味を味わえるフライ。パーティ料理としても喜ばれそう。

ポイント： 大根と人参は、それぞれのおいしさを引き出すため下ごしらえが違います。

【材料】

大根　人参　だし　酒　塩　みりん
小麦粉　パン粉

【つくり方】

1. 大根と人参を好みの大きさに切る。

2. 大根は、だしに酒と塩とみりんで薄味をつけた汁で煮る。

3. 人参は、蒸して軽く塩をふる。

4. 水溶き小麦粉にくぐらせて、パン粉をまぶして揚げる。

ぜんまいの白和え

白和えにすることで、まろやかさとコクが増します。

ポイント：❸の段階で、白味噌を少し加えてもおいしい。

【材料】

ぜんまい　糸コンニャク　豆腐　人参　椎茸
油揚　だし　万能だし　白胡麻　みりん　醤油

【つくり方】

1. ぜんまい、糸コンニャク、人参、椎茸、油揚を、だしと万能だし（P.134）を合わせた少し濃いめの煮汁で、煮汁がほとんどなくなるくらいに煮る。

2. 炒った白胡麻をすり鉢でする。

3. すり鉢に、塩、みりん、醤油を加えてさらにする。

4. ❸に水気をしっかり絞った豆腐を加えて練り合わせ、❶を加えて混ぜる。

五目煮

根菜と豆が一緒に食べられる五目煮は、冬のおかずの定番です。

ポイント：煮汁がほとんどなくなるように仕上げます。

【材料】

大豆　ごぼう　人参　蓮根　コンニャク　昆布
だし　塩　みりん　醤油

【つくり方】

1. 大豆は水に一晩浸して、ざるにあげて水気を切る。
2. 鍋にだしと大豆を入れて弱火で煮る。
3. ごぼう、人参、蓮根、椎茸、コンニャク、昆布を、大豆の大きさに合わせて切り、かたい順に大豆の鍋に加えて煮る（昆布は最後）。
4. 塩、みりん、醤油で味付けする。

アリサンのひよこ豆のスープ煮

ほっくりと滋味がひろがるおいしいスープ煮。

ポイント：だしではなく水で煮るのがポイントです。さっぱりした塩味で、ひよこ豆本来の味を味わいます。

【材料】

アリサンのひよこ豆　玉ねぎ　しめじ
人参　ローリエの葉　塩　こしょう

【つくり方】

1. ひよこ豆は一晩水に浸してから、新しい水を入れて茹でる。ていねいにアクをとりながら、やわらかくなるまで茹でる。

2. 鍋に油を入れ玉ねぎを炒めてから、ひよこ豆と水を加える。

3. しめじ、人参など好みの野菜とローリエの葉を加えてコトコト煮る。

4. 塩こしょうで味を整える。

「輸入オーガニック食品の中心」アリサンオーガニックセンター

でめてるでは肉を使わない分、植物性のたんぱく源である豆をよく使う。大豆や小豆、金時豆をよく使うが、トルコ原産といわれ、今では世界各地で食べられている「ひよこ豆」も人気のある豆。でめてるで使っているのは、埼玉県にあるアリサンオーガニックセンター（以下、「アリサン」と略）から仕入れるもの。アメリカやメキシコ等で、オーガニック認証を受けて栽培されたひよこ豆だ。

アリサンは、ベジタリアンの人たちにはよく知られていて、世界各地のオーガニック商品を販売している他、菜食メニューが楽しめるカフェも併設している。展覧会やコンサート、太極拳やヨガなどのイベントも定期的に開催しており、オーガニックやベジタリアンに興味のある人たちにとっては、一度は訪れてみたい所となっている。曼珠沙華の群生地として有名な巾着田にあり、秋には多くの観光客が来て大賑わいになるそうだ。

ひよこ豆は、くせのない味とほっくりした食感で、さまざまな料理に幅広く使えるが、でめてるでは、サラダやスープ煮にして使うことが多い。カレーに入れてもおいしいし、玄米ごはんと一緒に炊いたひよこ豆ごはんも、ぽくぽくとした食感がとてもおいしい。

アリサンからはシリアルも仕入れている。穀物やドライフルーツがたくさんたくさん入っていて、このまま食べてもおいしいけれど、サラダのトッピングに使うと、食感が楽しく彩りも美しくなる。

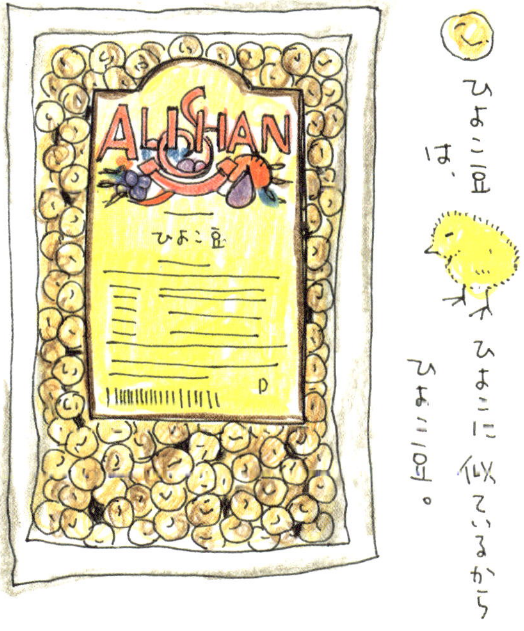
ALISHAN
ひよこ豆
ひよこ豆は、
ひよこに似ているから
ひよこ豆。

●アリサンオーガニックセンター

TEL 042-982-4812　FAX 042-982-4813　http://alishan-organics.com/

コンニャクの柚子味噌田楽

しっかりだしの染みたコンニャクに、香りの良い柚子味噌をかけて。

ポイント：あれば、柚子の皮の刻んだものを柚子味噌に加えると、いっそう香りがいい。

【材料】

コンニャク　柚子　だし　白味噌　みりん

【つくり方】

1. コンニャクを切って、だしでしっかり煮る。

2. 柚子醤油（P.138）に漬けてある柚子を取り出し、包丁でたたいて柚子ペーストを作る。

3. 柚子ペーストに白味噌とみりんを加えてよく練って、柚子味噌を作る。

4. コンニャクを串に刺し、柚子味噌をかける。

いもがらの煮物

独特の食感がやみつきになるいもがらを、優しく煮ていただきます。

ポイント： いもがらの繊維は壊れやすいので、やたらにかき混ぜない。優しく混ぜます。

【材料】

いもがら　生姜　人参　油揚　だし　酒　みりん　醤油

【つくり方】

1. いもがらは水で洗い、茹でこぼしてざるにあげてからさらに水で洗い、食べやすい大きさに切る。

2. たくさんの生姜の千切りを油で炒め、香りが出たら、人参の千切りも加えて炒める。

3. いもがらをよくしぼって鍋に加えて、混ぜる。

4. 油揚と椎茸を入れ、だし、酒、みりん、醤油を加えて煮汁がなくなるまで煮る。

かぼちゃと小豆のいとこ煮

さつまいももいいけどかぼちゃもいい。小豆とよく合います。

ポイント：さつまいもとかぼちゃと小豆が、なぜいとこ同士なのかはよくわかりませんが、たいへん相性がいいのは確か。

【材料】

かぼちゃ　小豆　塩

【つくり方】

1. さつまいもと小豆のいとこ煮（P.60）と同じ作り方で、さつまいもをかぼちゃにする。

厚揚のホイコーロー風

肉を使わずボリュームたっぷり、がっつり食べたいおかずです。

ポイント：肉の代わりに厚揚を使いますが、味噌と良く合います。

【材料】

キャベツ　ニンニク　生姜　長ねぎ　しめじ　厚揚
味噌　みりん　酒　醤油　酢　豆板醤　片栗粉

【つくり方】

1. 生姜、ニンニク、長ねぎのみじん切りを炒める。
2. ざく切りしたキャベツと、しめじ、一口大に切った厚揚を加えて、さらに炒める。
3. 味噌、みりん、酒、醤油、酢、豆板醤を合わせたタレを作る。
4. 炒めた材料にタレを加えて混ぜる。
5. 最後に水溶き片栗粉を入れてとろみをつける。

かぶなます

ちょっとした箸休めにもいい、粋な一品です。

ポイント：かぶの食感とみずみずしさがおいしい一品です。

【材料】

かぶ　柚子　昆布　鷹の爪　酢　みりん

【つくり方】

1. かぶをうすく切って塩をふる。

2. 酢とみりんを1：1で合わせ、火にかける。

3. ❷に柚子と昆布の細切り、鷹の爪の小口切りを加えて冷ます。

4. 冷めたら、かぶを漬ける。

はんのうれんの蓮根きんぴら

しゃきしゃきでピリ辛。 胡麻の香りも効いてます。

ポイント：さっと炒めて
手早く仕上げます。

【材料】

はんのうれんの蓮根　酒　醤油　みりん
鷹の爪　胡麻油　菜種油　白胡麻

【つくり方】

1. 蓮根は5㎜の厚さに切り、水にさらしてからざるにあげて水切りする。

2. 蓮根を菜種油で炒め、酒、醤油、みりんを加えて汁気がなくなるまで炒める。

3. 最後に鷹の爪の小口切りを入れ、胡麻油をまわしかけ、白胡麻をふる。

大根の煮物

大根の奥の奥まで味が染みて、うま味も凝縮しています。

ポイント： 少しおいておくと、さらに味がしっかり染みます。

【材料】

大根　油揚　椎茸　だし　万能だし　塩

【つくり方】

1. 大根は3cmくらいの厚さに輪切りにしてから4つに切る。

2. 転がしながら油でじっくり、透き通るくらいになるまで炒める。

3. 串が通るようになったら、油揚と椎茸を加え、だしを少し注いで煮る。ほとんど大根の水分で煮るという感じにする。

4. 万能だし（P.134）を加えて、味がよく染み込むまで煮る。

5. 塩で味を整える。

かぼちゃコロッケ

かぼちゃの甘みがコロッケにすることで一層増すような気がします。

ポイント：中に、かぼちゃの種やレーズンを加えてもおいしいです。かぼちゃだけだと水っぽいので、もちきびを混ぜています。それでもまだ水っぽいときは、地粉を少し混ぜます。

【材料】

かぼちゃ　もちきび　玉ねぎ　小麦粉　パン粉

【つくり方】

1. かぼちゃは皮ごと蒸してマッシュする。
2. もちきびを炊く。
3. 玉ねぎのみじん切りを炒める。
4. かぼちゃ、もちきび、玉ねぎをすべて混ぜ合わせ、丸くまとめる。
5. 水溶き小麦粉をくぐらせ、パン粉をまぶして揚げる。

かぼちゃのマヨネーズサラダ

自家製マヨネーズをたっぷり使った、みんなが大好きなサラダです。

ポイント：レーズンやかぼちゃの種を加えてもおいしい。

【材料】

かぼちゃ　玉ねぎ　塩　こしょう
基本のドレッシング　マヨネーズ

【つくり方】

1. かぼちゃはよく洗って一口大に切り、蒸し器に皮を下にして並べて蒸す。
2. 蒸し上がったかぼちゃが熱いうちに、塩こしょう、基本のドレッシング（P.128）をふる。
3. 玉ねぎをスライスしてかぼちゃに混ぜ、マヨネーズ（P.137）で和える。

「開店以来の味噌の味」・・・・・・・田中一男さん（おむすび長屋）

30年前の開店当時から、でめてるの味噌汁に使っている味噌が、おむすび長屋の味噌だ。店では「おむすびみそ」と呼んでいるけれど、本当の商品名は「極楽みそ」。飽きのこないおいしさに定評がある。

おむすび長屋は、ハンディーのある人たちの作業所。ご飯粒ひとつひとつが結ばれるおむすびを、ひとりひとりの個性を尊重しながらひとつに結び合うという思いに重ねて、「おむすび長屋」という名前になったそうだ。味噌の他に豆腐やジャムも作っている。

高原育ちの地元の大豆は害虫がつきにくく、農薬を必要としない。この地元の大豆に、糀は米糀90%に、グルタミン酸の多い麦糀10%を合わせているのが特長で、これがうま味の秘密。塩分は11%〜12%で「減塩すぎない」昔ながらの味噌だ。

「原料の良さが一番」と、世話人の田中一男さんは言う。ハンディーのある人たちの生活を作っていくための仕事として味噌作りを選んだのは、「誰もが使う日本人の基本的な食品だからです。そして、作り方が難しくないということもありました」。地元産のいい原料を使って、昔ながらの方法で手間を惜しまず自然に熟成させた味噌を作る。「ハンディーのある人が作っているから買ってください、じゃなくて、ちゃんとモノで勝負したい。それによって、ハンディーのある人達が暮らしやすい暮らしをつくっていくということです」。

味噌と言えば味噌汁。好きな味噌汁の具は何かという話で盛り上がった。田中さんが一番好きな味噌汁の具は、「小松菜とかぼちゃ」、ちょっと面白いセレクトだと思った。八ヶ岳、北アルプス、高峰高原、浅間山に囲まれ、富士山も見える。建物のすぐ横の清流にはホタルがくる。訪ねるだけで心洗われる場所だった。

●おむすび長屋（長野県小諸市大字菱平字板沢1284）
TEL&FAX 0267-23-6015

「時間をかけて熟成した玄米味噌」・・清水秀雄さん（清水商店）

味噌汁に2種類ブレンドして使っているもうひとつの信州味噌が、長野市の清水商店の玄米味噌だ。作っているのは、清水秀雄さん。いろいろな仕事をしてきた中で、味噌を売る仕事をしたとき、「人が作ったのを売っててもつまらない。材料を吟味して、自分のメニューで味噌を作って売ってみたい」と思うようになったそうだ。それが30年ほど前。すべて国産の玄米糀、丸大豆、天然塩を使っている。なるべく地元のものを使うようにしていて、大豆は長野県産。原料のこだわりとともに、「長期放置発酵」が特長だ。一般的に売られる味噌の多くは、温度管理した部屋で30日くらい寝かせたあと冷まし、袋詰めして出荷する。

商売としてはそうやって手早く作る必要があるのだが、清水さんの「長期放置発酵」は、実際の気温をみながら調整しつつ、12カ月かけて自然に熟成させる。じっくり熟成させてうま味を引き出す。自然にまかせるということは、暑い日が続けば過熟するし、涼しければ熟さず若いままだけれど、その状態を見ながら、過熟したものには若い味噌を混ぜ、若いものには過熟したものを混ぜる。そうやって、独特の複雑なうま味を引き出す。「味噌には好みがあって、過熟したのが好きな人や、まだ若いのが好きな人もいる。うまく混ぜ合わせることで、いろんな人に好まれる味になると考えている」と清水さん。

清水さんは、家庭で味噌を作ることも勧めている。店と同じ材料の、玄米糀と大豆と塩をあらかじめ計って詰め合わせたものをセット販売している。「東京なら、1月か2月くらいに仕込む。東向きの風通しのいい場所に置いて。春が来て、梅雨がくるけど、梅雨というのは熟成の助走期間としてとても大事な季節。それから夏に暑くなって熟成して、冬には食べられる。簡単でしょう？味噌は、こうした日本の四季の変化があるからできるもの。そのことを感じるためにもぜひ自分で作ってみてほしいです」。でも自分で作ってしまったら、清水さんの味噌を買わなくなっちゃいますよと言うと、「いいよ。こんな重労働あとどれくらいできるかわからないもの」と笑う。まあ、たいへんお元気そうなので、まだまだ本物の味噌を作ってもらえると思う。

●清水商店・清水秀雄さん（長野県長野市青木島町綱島 376-2）
TEL 026-284-1760

一年を通してのおかず

切り干し大根とじゃこのかき揚げ

噛みごたえがあって、噛むほどに味が出る、おいしいかき揚げ。

ポイント：生姜を、こんなに？　というほど入れるとおいしい。

【材料】

切り干し大根　ちりめんじゃこ　生姜　小麦粉　油

【つくり方】

1. 切り干し大根は水で軽く戻してから、食べやすいざく切りにする。

2. 生姜の千切りとじゃこを加え、小麦粉をふってから水を入れてよく練る。

3. 食べやすい大きさに手でまとめて、油で揚げる。

コンニャクステーキ

山椒がピリッと効いたコンニャクステーキは、長年の定番おかず。

ポイント：山椒の実は、コンニャク１枚に10粒くらい。入れ過ぎないようにします。食べるときに薄切りにします。

【材料】

コンニャク　だし　酒　醤油　山椒の実　油

【つくり方】

1. 味が染みるように、コンニャクの両面に切り込みを入れる。

2. フライパンでコンニャクの両面をから炒りする。

3. フライパンに菜種油を加えて、焦げ目がつくまで焼く。

4. だし、酒、醤油、乾燥山椒の実を加えて、汁がなくなるまで煮詰める。

胡麻豆腐

胡麻と吉野葛と水だけで作る胡麻豆腐。素材の味そのもの。

ポイント：でめてるでは、水1200cc＋胡麻ペースト150g＋吉野葛130gで、21cm×21cmの容器ひとつ分つくっています。これで24個できます。
胡麻ペーストは、黒胡麻でも白胡麻でも大丈夫。小豆を入れてもおいしいです。

【材料】

胡麻ペースト　吉野葛　水

【つくり方】

1. 胡麻ペースト、吉野葛、水を鍋に入れる。
2. 混ぜながら、ごく弱火で、つきっきりで15分くらい練り続ける。
3. 最後にちょっとだけ強火にする。
4. 容器に移して、室温で冷まして固める。

車麩のフライ

肉のような牡蠣のような、不思議な食感です。

ポイント：青海苔は必ず入れてください。磯の香りがほんのりして、「カキフライみたい」と言ったお客さんがいます。

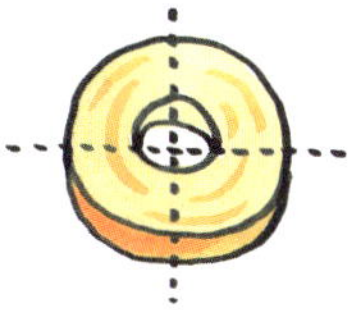

【材料】

車麩　青海苔　小麦粉

【つくり方】

1. 車麩は水で軽く戻してから、4 つに切る。
2. 水溶き小麦粉に、十分水に戻した青海苔を加える。
3. ❷に車麩をくぐらせ、パン粉をまぶして揚げる。

「欠かせない食材と調味料」・・小島武さん（㈱マナ健康食研究所）

でめてるの料理の中でも使用頻度の高いいくつかの食材や調味料を、国立市にあるマナ健康食研究所から仕入れている。創業38年になる自然食品店で、店長の小島武さん自ら配達してくれる。

まず、吉野本葛。胡麻豆腐を作るのに欠かせない吉野本葛は、山口県防府市の有限会社ツルシマのもの。とろみをつけるのにも使い、じゃがいものデンプンからつくる片栗粉より高価ではあるけれど、舌触りの良い上質のとろみがつくので、店長もお気に入りの品。

つぎに、新潟県三条市のマルヨネの車麩。マルヨネは、1874年創業の焼き麩の専門店で、添加物や調味料を使わずに、小麦グルテンの膨張力だけで車麩を作っている。職人の手で、巻いては直火で焼き、巻いては直火で焼きを繰り返し、木目のような美しい層ができる。噛みごたえがしっかりあって味わい深いので、煮てもおいしいし、揚げて肉の代わりに使ってもコクがある。

凍み豆腐は、長野県岡谷市の丸十高木の商品。薄くて密度のしっかりした大豆の味が凝縮されており、いろいろな料理に使える。

ごまペーストは、三育フーズ。乳化剤などを使用しない、ごま100%で、胡麻豆腐作りのベースになる。恒食の洗いごまも小島さんが運んでくれる。広島県尾道市のマルシマの有機純米酢は、有機栽培のうるち米から、昔ながらの製法で作られる。ツンとしないまろやかな味で、ドレッシングや甘酢作りには欠かせない。埼玉県の味の一醸造の発酵調味料、味の母を、みりん代わりに使っている。

●株式会社マナ健康食研究所（国立市東1-15-31）
TEL 042-576-4415

春巻

いろいろな具を入れてアレンジできる、みんな大好きな春巻。

ポイント：たけのこの代わりに、水で戻した凍み豆腐を使ってもおいしいです。

【材料】

春巻の皮　春雨　長ねぎ　生姜　人参　椎茸
たけのこ　胡麻油　塩　醤油　片栗粉

【つくり方】

1. 春雨を茹でて食べやすい大きさに切る。
2. 長ねぎは斜めうす切りにする。
3. 生姜は千切り、人参、椎茸、たけのこは細切りにする。
4. 胡麻油に生姜を入れて炒め、香りが油にうつったら、固い順に具材を炒める。
5. 塩で味付けし、隠し味に少し醤油を加える。
6. 最後に胡麻油をひとたらしして香りを出す。
7. 水溶き片栗粉をまわし入れてまとめる。
8. 完全にさましてから、春巻の皮に包んで揚げる。

切り干し大根の中華和え

切り干し大根と中華ドレッシング。 玄米ごはんがどんどんすすむ一品。

ポイント：切り干し大根は水に長く漬けて戻したり、ぎゅーっとしぼったりしないこと。ドレッシングの液を吸って戻る、という感じ。前日につくっておくとおいしい。

【材料】

切り干し大根　長ねぎ　中華ドレッシング

【つくり方】

1. 切り干し大根は水を入れたボールの中でさっと洗ってざるにあげ、食べやすく切る。

2. 長ねぎをななめうす切りにする。

3. 切り干し大根と長ねぎを、中華ドレッシング(P.132)に漬ける。

黒米コロッケ

しっかりした食感の雑穀コロッケ。満足感があります。

ポイント： 雑穀なら何を使ってもいいけれど、つなぎの役目を果たすもちきびは必ず入れましょう。雑穀と玉ねぎを混ぜる時、マヨネーズ作りの際に余る玉子の白身を入れることもあります。このコロッケは、なぜかブルーベリーの味がすると言われています。

【材料】

黒米　押し麦　もちきび　玉ねぎ　塩
こしょう　小麦粉　油

【つくり方】

1. 黒米、押し麦、もちきびを一緒に炊く。

2. みじん切りにした玉ねぎを油で炒めて、塩こしょうで味をつける。

3. 炊いた雑穀と炒めた玉ねぎを合わせて、小麦粉をふりいれて混ぜる。

4. 丸めて、水溶き小麦粉をくぐらせてから、パン粉をまぶして揚げる。

揚げ凍み豆腐のチンジャオロースー

凍み豆腐と野菜がとろみでまとまった、ごはんに合うおかずです。

ポイント：凍み豆腐のまわりの片栗粉で、いい感じにとろみがつきます。

【材料】

凍み豆腐　生姜　インゲン　ピーマン　人参　しめじ
醤油　みりん　味噌　だし　片栗粉　油

【つくり方】

1. 水に戻した凍み豆腐を細切りにし、片栗粉をまぶして揚げておく。
2. 菜種油で生姜のみじん切りを炒めて、インゲンやピーマン、人参、しめじなど、彩りの良い野菜を食べやすい大きさに切って加えてさらに炒め、だしを注ぐ。
3. 沸騰したら、醤油と、みりんで溶いた味噌で味をととのえる。
4. 揚げた凍み豆腐を加えて軽く混ぜる。

凍み豆腐の煮物

優しくて深い味わい。定番の煮物は飽きのこない一品です

ポイント：だしを効かせて薄味に仕上げたいので、だしに厚削りを加えます。

【材料】

凍み豆腐　ごぼう　大根　人参　しめじ
厚削り　だし　万能だし

【つくり方】

1. 凍み豆腐をぬるま湯で軽く戻し、半分に切る。
2. 食べやすい大きさに切ったごぼうを油で炒め、同じように切った大根、人参を加える。
3. 炒めた野菜の上に凍み豆腐を並べ、しめじをのせ、だしをひたひたに注ぐ。
4. 厚削りを加えて、万能だし（P.134）を薄く色づく程度に入れて煮る。
5. 塩とみりんを好みで入れてもよいが、なるべく薄味に仕上げる。

たけちゃんのおから煮

しっとりしたおから煮は、どんなときもおいしいおかずです。

ポイント：おからに炒め煮を加えた後は煮込みすぎないこと。しっとり加減は好みもありますが、「あんばい」は、何回かつくるとのみこめてきます。

【材料】

たけちゃんのおから　ごぼう　人参　油揚　椎茸
長ねぎ　酒　みりん　醤油　だし　塩

【つくり方】

1. ごぼう、人参、油揚、椎茸、長ねぎを千切りにする。
2. ごぼうを最初によく炒めてから、他の野菜も加えて炒める。
3. だし、酒、みりん、醤油を加えて、汁が多めの炒め煮にする。
4. 別の鍋でおからをから炒りする。
5. おからの鍋に、❸の炒め煮を汁ごと加えて、さっくり混ぜ合わせながら塩で味を整える。

「秘かに人気のお菓子」・・・・・荒井桃子さん(Momo Sweets)

クッキー
スコーン
パイ
マフィンも。
いろいろ
あります。

でめてるで以前働いていた「モモちゃん」こと荒井桃子さんは、現在茅ヶ崎で「Momo Sweets」というお菓子工房を持ち、お菓子をつくっている。でめてるにも定期的にお菓子を届けてくれる。見た目がとってもかわいらしいお菓子ばかりで、素材は厳選、細かいところまでていねいに作ってあり、一度食べた人はほとんどリピーターになる。

素材厳選でナチュラルなイメージはあるものの、甘いものはきちんと甘いお菓子。動物性の素材を使わないのにリッチな味わいのお菓子もあれば、朝ごはんに良さそうなさっぱりしたマフィンもある。中に入れるジャムやあんこはもちろん、ドライフルーツまで手作りしている。素材の組合せが面白いお菓子があるし、甘いものが苦手な店長も大好きな「お酒に合うしょっぱいお菓子」もあって、無限に広がるモモちゃんの自由なアイデアが楽しい。

のんびりゆっくりしたモモちゃんの性格のせいだけではなく、とにかく手間をかけているのでたくさん作れないのが唯一の難点かもしれない。でめてるのテーブルに並ぶ量もそんなに多くないので、並ぶとあっという間になくなってしまう。運良く出会えたら、ぜひひとつ食べてみて。

● Momo Sweets（神奈川県茅ケ崎市）

豆腐の揚餃子

たけちゃんのお豆腐だから、揚餃子の具にしても存在感あり。

ポイント：具の中に、松の実や胡麻を加えてもぷちぷちしておいしい。

【材料】

豆腐　長ねぎ　椎茸　餃子の皮　小麦粉　胡麻油

【つくり方】

1. 豆腐をさらしでぎゅーっとしぼる。
2. 長ねぎと椎茸のみじん切りを胡麻油で炒める。
3. しぼった豆腐を❷に加え、小麦粉をふり入れて混ぜる。
4. 餃子の皮に包んで揚げる。

小山さんの納豆のかき揚げ

たっぷりの青ねぎと納豆を一緒に揚げた、納豆好きに人気のおかず。

ポイント：小麦粉はたくさん入れすぎないこと。つなぎ程度に、ぱらぱらぱらっと振り入れる感じです。

【材料】

小山さんの納豆　長ねぎ　小麦粉

【つくり方】

1. 納豆と、長ねぎの青いところを刻んだものを合わせて、よく練る。
2. 水少しと小麦粉を加えてさらによく練る。
3. 小さくまとめて揚げる。

三陸水産の茎ワカメの煮物

太さ厚さいろいろの茎ワカメの食感と、さっぱりした味が魅力です。

ポイント：煮る時にはほとんどかきまわさないこと。かきまわすとぬめりが出てしまいます。味付けにはみりんを使わず、きりっとした味に仕上げるのもポイントです。

【材料】

三陸水産の茎ワカメ　生姜　油揚
酒　醤油　だし　塩

【つくり方】

1. 茎ワカメは水を替えながら十分に塩抜きする。
2. 鍋に、こんなに！　というほどの生姜の千切りを入れて油で炒めて香りを出す。
3. 茎ワカメと油揚の細切りを加え、だしを注ぎ、かきまわさず煮る。
4. 酒と醤油と塩で味を整える。

玉子の袋煮

油揚の中に玉子を入れて、しっかりした味付けで煮ました。

ポイント：青ネギと大根と人参は、鍋に袋煮が焦げ付くのをふせぐために鍋底に並べます。もちろん、くたくたに煮えた青ネギと大根と人参もおいしい一品です。玉子は、小鉢に割り入れてから油揚にするっと入れると簡単です。

【材料】

玉子　油揚　長ねぎ　大根　人参　だし
万能だし　塩

【つくり方】

1. 鍋の底に長ねぎの青い部分と、薄く切った大根と人参を並べる。

2. 半分に切って開いた油揚に玉子を割り入れ、爪楊枝で止めて、倒れないように鍋にきちっと並べる。

3. だしをひたひたに注ぎ入れて、玉子が固まるまで煮る。

4. 塩と万能だし（P.134）を加えて煮含ませ、煮汁が少なくなるまで煮る。

「三陸ワカメの復活を祈って」・・・・・・雨澤進さん（三陸水産）

三陸水産は、いわき市にある海産物と自然食品の会社。社長の雨澤進さんは、42歳で電電公社を退職し、おいしい三陸ワカメの販売からこの仕事を始めた。魚の切身や干物、その他、各種水産加工品も扱うが、とにかく三陸水産と言えば、まず三陸ワカメだ。

でめてるでは、味噌汁の具として欠かせないワカメ。三陸水産のワカメは、よくあるやたら塩がいっぱいの塩蔵品ではないので、水に戻しすぎないように注意してさっと洗い、切って先にお椀に入れ、そこに味噌汁を注ぐ。でめてるでやっている味噌汁の作り方をこう説明すると、「それでいいです。火を通しすぎないことが大事。湯通しする必要もありませんから」と、雨澤さんからお墨付きをいただいた。ぷりぷりした食感としっかりした歯ごたえの三陸ワカメはほんとうにおいしい。このおいしさの理由は、「北洋からの冷たい寒流の中で育つから。寒流は親潮ともいいます。魚や海草を育ててくれる親というわけです。三陸の海は、北洋からの寒流、南からの暖流がぶつかる豊かな漁場で、おいしい魚や海草がとれるところだったのです」。

その豊かな海が、3月11日の東日本大震災と福島第一原発事故によって変えられてしまった。三陸水産の被害は大きかった。いまだ行方不明の漁師さんたちがたくさんいる。加工場や作業場は瓦礫となり、漁船は流され、ワカメを育てるための設備も流された。社員の自宅の家屋が損壊したり車が流されたり、無事だった人たちの心の傷もはかり知れない。もちろんワカメの出荷は不可能。現在は、高台にあった倉庫に貯蔵されていた在庫を販売しているが、その在庫もいずれなくなるだろうとのことだった。

三陸水産は、創業当時から「反原発」を掲げてきた会社だ。「安心・安全の海産物」という基本方針のもと、三陸のおいしい海産物を全国に届けてきた。しかし今後当分、今までと同じものは販売できない。震災後に雨澤さんから送られてきた手紙には、「原発事故後の魚介類は届けない」「現在販売しているワカメや海草は震災前に確保した商品のみ」「新しい商品は、汚染されていない海からのものを届ける」「加工に使う水はミネラルウォーターを使用する」「安心・安全な海産物の提供に徹する」と書かれていた。危機的な状況の中で、創業以来の基本姿勢を守ろうとする誓いの言葉だった。

漁船や冷蔵施設や加工場が失われているので、それらを復旧するだけでも5年から10年はかかるだろうということだった。もともと高齢化がすすんでいるので、設備投資して長期的な再建を目指すより、漁業権を手放す人も出てくるかもしれないという話もあり、あらためて被害の大きさを思い知った。

　それでも雨澤さんは、「細々と生産される海産物を購入してもらうことで、漁民の励みにもなるし生活も成り立つ」と言う。三陸産ではないがとても味のいい北海道産天然ワカメを買い取っての販売や、遠くの安全な海でとれた魚を三陸水産の優れた技術で加工して販売するなど、「三陸発」の志を守ろうとしている。三陸の海と海からの恵みを復活させる気持ちで一歩一歩進んでいる。ずっと三陸のワカメや魚をおいしく食べてきた私たちにできることは、三陸からの声を常に聞きながら、つながりを継続することだろうと思った。「気持ちを曲げないでやっていく」という三陸水産を応援したい。

●**三陸水産（福島県いわき市平下神谷字出口 24-1）**

TEL 0246-34-5601　FAX 0246-34-5603

茎ワカメのピリ辛サラダ

茎ワカメはサラダにしてもとてもおいしい。さわやかな味。

ポイント：長ねぎがたくさん入っているとおいしい。他の野菜も、茎ワカメや長ねぎと大きさを合わせて切りましょう。

【材料】

茎ワカメ　長ねぎ　中華ドレッシング

【つくり方】

1. 茎ワカメを水で戻して塩抜きし、食べやすい長さに切る。

2. 斜めうす切りにした長ねぎたくさんと好きな野菜を加え、中華ドレッシング（P.132）で和える。

凍み豆腐とじゃこのかき揚げ

お醤油ちょこっとかけて食べます。しっかりした噛みごたえ。

ポイント：凍み豆腐の淡白さと噛みごたえのあるじゃこの組合せがおいしい。塩か醤油をちょっとかけて食べます。根三つ葉を加えるとさらにおいしいです。

【材料】

凍み豆腐　ちりめんじゃこ　生姜　小麦粉

【つくり方】

1. 生姜の千切りをたくさん作っておく。

2. 凍み豆腐はお湯で戻してからしっかり絞り、細く切る。

3. じゃこと生姜の千切りを凍み豆腐に混ぜ、水溶き小麦粉を加え、小さくまとめて揚げる。

車麩の酢豚風

みんなが大好きな甘酢が車麩にからむと、ボリュームありのおかずに。

ポイント：一晩置くと味が染みておいしいので、前日に作っておくといいです。

【材料】

車麩　玉ねぎ　人参　生姜　醤油　みりん　塩
酢　吉野葛

【つくり方】

1. 鍋に、水、みりん、醤油、塩、生姜の千切り、玉ねぎと人参の一口大に切ったものを入れて、人参がやわらかくなるまで煮込む。
2. 車麩を水に戻さないまま4分の1に割って素揚げし、揚がったら鍋に加える。
3. 吉野葛を酢で溶いて、まわし入れてとろみをつける。

「味にこだわる自然栽培珈琲」 徳山博子さん・山内智晴さん（ろばや）

でめてるから歩いて５分ほどのところに、「珈琲焙煎ろばや」がある。店主の徳山さんと山内さんは、1992年から東久留米で自然食品店を経営し、しばらく店を休んでヨーロッパを旅して、あちらのオーガニックショップを参考に、1999年に小金井で再び自然食品店を開店した。当初から自然食品の他に自然栽培の豆を自家焙煎した珈琲を販売していて、珈琲焙煎専門の店舗を2003年に国分寺に開いた。

扱っている豆は、ペルー、メキシコ、ブラジル、グァテマラ、コロンビア、エチオピア、東チモール、インドネシア、ウガンダ、ラオス、ニカラグア等。こうした国々から届く、無農薬有機などの自然栽培の珈琲豆を、豆の質に合わせた焙煎で常時20種類ほど扱う。ひと昔前は、自然食にこだわる人にとって珈琲は好ましくないものだったし、珈琲好きな人にとっては、自然栽培かどうかは重視されていなかった。しかし、「農薬は生産者や地球環境にとって害があるもの、とずっと思ってきたから、自然栽培を選ぶことはあたりまえで、その上で珈琲が好きだから、ちゃんと味でも評価されるようになりたかった」と徳山さんは言う。「最初は、３種類くらいしか自然栽培の豆がなかったので、お客さんのいろいろな好みに合わせられるように、深煎りや浅煎りなど焼き方を変えたり、ブレンドして味の幅を広げたりして工夫していました」。新しい豆が手に入ると、その豆に適した焙煎を何度も試すそうだ。「生産者が一生懸命作った豆を、最適な形で出したい」と言う。

最近は、チェーンのコーヒーショップでのマシン抽出が主流で、そういう店の「深煎りで酸味の少ない珈琲」が一律に好まれる傾向と聞き、なるほどと思った。チェーン店の隆盛は、珈琲好きを増やすより、味覚の好みを画一化しているのかもしれない。こうした傾向をふまえて、「お湯の温度や粉の量で自分なりの調整ができるハンドドリップを見直してほしい」と徳山さんは話す。珈琲豆もいろいろなものを試してほしいが、自分の好みの味を見つけるのはなかなか大変。最初はお薦めのブレンドを飲んでみて、それを基準に「もう少し苦味のあるものがいい」とか「すっきり感がほしい」などの希望を言えば、好みのものが見つかるようアドバイスをしてくれる。

●珈琲焙煎店ろばや（国分寺市本多 1-6-5）
TEL&FAX 042-321-6190　http://www.robaya.com/

豆腐ハンバーグ

ふんわりと、お豆腐の優しい味わいを感じるハンバーグです。

ポイント： 胡麻を入れてもぷちぷちしておいしい。

【材料】

豆腐　玉ねぎ　しめじ　パン粉　卵の白身　塩
ナツメグ　油

【つくり方】

1. 玉ねぎのみじん切りを油で炒め、細かく切ったしめじを加えてさらに炒める。

2. 豆腐をフキンでぎゅっと絞ってから崩してボールに入れる。

3. 炒めた玉ねぎとしめじを加え、パン粉、卵の白身、塩、ナツメグを入れてこねる。水分が多めなら地粉を加えて調節する。

4. 小判型にまとめて、菜種油をひいたフライパンで両面こんがりと焼く。

肉なし肉じゃが

肉が入ってないのに、こってりとしたコクがあります。

ポイント：素揚げした車麩が肉の代わりになってコクを出します。このおかずは、店長の一番のおすすめです。

【材料】

車麩　じゃがいも　人参　玉ねぎ　糸コンニャク
だし　油　万能だし　塩

【つくり方】

1. 車麩は水に戻さずに細かく割って、素揚げする。
2. じゃがいもの皮をむいて一口大に切り、水にさらす。
3. 鍋に油を入れ、じゃがいもを炒める。人参、玉ねぎ、糸コンニャクも加える。
4. だしを注ぎ、材料に火が通るまで煮る。
5. 素揚げした車麩を加える。
6. 万能だし（P.134）と塩で味をととのえる。

ひよこ豆のサラダ

ほくほくとしたひよこ豆を使った、食べごたえのあるサラダです。

ポイント：彩り野菜も、ひよこ豆の大きさに合わせて切ります。

【材料】

ひよこ豆　玉ねぎ　レモン　パプリカ　きゅうり
ピーマン　塩　こしょう　オリーブ油

【つくり方】

1. ひよこ豆は一晩水に浸してから、新しい水に替えて、ていねいにアクを取りながら、やわらかくなるまで茹でる。

2. ざるにあけて水切りしてからボールに移し、熱いうちに塩こしょう、オリーブ油をかける。

3. 玉ねぎのみじん切り、薄く切ったレモン、パプリカ、きゅうり、ピーマンなどの彩り野菜を加える。

じゃがいものマヨネーズサラダ

ねっとりとしたじゃがいもと、自家製マヨネーズの人気サラダ。

ポイント:熱いうちにドレッシングをふることで、じゃがいもにしっかりした味がつきます。

【材料】

じゃがいも　玉ねぎ　お好みの野菜
基本のドレッシング　マヨネーズ

【つくり方】

1. じゃがいもの皮をむき、一口大に切ってから茹でる。
2. 茹で上がったじゃがいもをざるにあけ、水気を切ってからボールに移す。
3. じゃがいもが熱いうちに、基本のドレッシング(P.128)をふりかける。
4. さめたら、玉ねぎ、きゅうりなどお好みの野菜を加えて、マヨネーズ(P.137)であえる。

じゃがいものもちきび煮

ニンニクとオリーブ油がポイントの、おかずになるじゃがいも料理。

ポイント：炊きあがった時に水気がなくなるくらいの水加減にすることと、塩加減がとても大事です。濃すぎず薄すぎずのいい感じに。

【材料】

じゃがいも　玉ねぎ　もちきび　ニンニク
鷹の爪　しめじ　塩　オリーブ油

【つくり方】

1. 玉ねぎをざくざく切って炒め、一口大に切ったじゃがいもを加えて炒める。

2. もちきびを加えて、水を注ぎ、塩を入れて炊く。

3. 別の鍋にオリーブ油を入れ、ニンニクのスライス、鷹の爪、しめじを入れて炒めたら、これをじゃがいもの鍋にあけて混ぜ合わせる。

ひじきの煮物

定食には欠かせない一品。甘くないのでごはんに合います。

ポイント：ひじきを傷つけたくないので、煮る時に乱暴にかきまわさないようにしましょう。

【材料】

ひじき　生姜　人参　油揚　だし　酒　醤油　みりん

【つくり方】

1. ひじきは 30 分以上水に浸して戻す。
2. 鍋で生姜の千切りと人参の千切りを炒める。
3. 水気を切ったひじきを加えて、強火で手早く炒める。
4. 油揚を加え、だしを注ぎ、酒、醤油、みりんを加えて煮る。

「欠かせない一皿、ひじきの煮物」・・・伊勢丸い水産株式会社

でめてるの定食に必ずつくのが、ひじきの煮物(たまに、ひじきサラダや茎ワカメの煮物になることもある)。このひじきは、三重県の丸い水産からとっている。明治の終わりに創業し、ひじきの製造販売を行っている会社だ。ひじきは現在90%が輸入ものだそうだ。わずか10%の国産ひじきのうち、7割を占めるのが、丸い水産が扱う「伊勢ひじき」である。

ひじきは、9月から10月上旬に芽生える。その頃のひじきは大変おいしいそうだが、小さすぎて採取しにくいので、大きく育った12月から3月くらいが旬になる。干潮のときに、岩にへばりついたひじきを、傷めないように鎌で刈り取る。刈り取ったばかりのひじきは、渋味が強く、そのまま干しても硬いので、釜でじっくりと蒸し煮にしてから天日干しする。

伊勢志摩地方のリアス式海岸は良質なひじきが採れることで知られる。太平洋の清浄な海水と、伊勢湾の栄養豊富な海水が混じり、また、外海の荒波にも晒されるので、もっちりふっくらとしたひじきができるそうだ。

よくあるひじきの煮物はちょっと甘いものが多いが、でめてるでは砂糖を使わないので、ごはんによく合う煮物になっている。玄米ごはんにひじきの煮物を混ぜて食べる人もよく見かける。

直径30cm以上の
大きなザル
で
ひじき
を
戻して
ます。
いい香り。

●伊勢丸い水産株式会社(三重県多気郡明和町大字大淀乙708)
TEL 0596-55-2017　FAX 0596-55-2031

いわしの南蛮漬

揚げたいわしを漬け汁に浸けました。ごはんにもお酒にも合う一品。

ポイント：長ねぎもおいしいので、好きな方はたっぷり入れてどうぞ。

【材料】

いわし　小麦粉　醤油　酢　長ねぎ　鷹の爪

【つくり方】

1. いわしは、はらわたと頭をとり、半分に切る。

2. 小麦粉をつけていわしを揚げる。

3. 平たい容器に、醤油と酢と水を、1：1：1の割合で入れ、長ねぎの青い部分、鷹の爪を入れてタレを作る。

4. 揚げたてのいわしをタレにならべて漬ける。

黒豆サラダ

ふっくらつやつやの黒豆で、さっぱりおいしいサラダができました。

ポイント：無農薬レモンを使えば、レモンも一緒に食べられます。

【材料】

黒豆　玉ねぎ　パプリカ　きゅうり　レモン
オリーブ油　塩　こしょう

【つくり方】

1. 黒豆はよく洗ってから水に一晩浸し、翌日、浸し汁のまま煮る。

2. 煮汁がなくなるくらいまで煮る。

3. 熱々の黒豆に、塩、こしょう、オリーブ油、玉ねぎのみじん切り、パプリカ、きゅうり、レモンを加えてよく混ぜる。

無茶々園の切り干し大根の煮物

天日干しの切り干し大根のうま味、最大限に引き出します。

ポイント： 水で戻さずに煮ながら戻すので、味を薄めに仕上げても、切り干し大根の甘みが引き出されたおいしい一品になります。

【材料】

無茶々園の切り干し大根　生姜　人参　椎茸
油揚　だし　酒　醤油　塩

【つくり方】

1. 切り干し大根は、ざるに入れてざっと洗う。

2. たくさんの生姜の千切りを炒めて香りを出し、人参の千切りを加えてさらに炒める。

3. 切り干し大根を入れて、細切りにした椎茸と油揚を加え、だしを注ぎ、切り干し大根がやわらかくなるまで煮る。

4. 酒、醤油、塩で味を整える。醤油はほんの少し色づく程度に。

「でめてるではお酒も楽しめます！」・・・・・株式会社せきや

でめてるのアルコール類は、ビール、焼酎、日本酒、果実酒を揃えている。ビールは、エビスビール、銀河高原ビール、有機栽培ビール。焼酎は、鹿児島の小正酒造の玄米焼酎。日本酒は、京都の玉の光純米酒。

玄米焼酎は特におすすめで、自家製の果実酒は、この玄米焼酎を使って作る。小正酒造の玄米焼酎は、国産玄米をていねいに2度蒸しし、天然の地下水を使って玄米の持ち味を出すために低温発酵、低温蒸留させて作っているそうだ。うま味を残すために濾過は最小限にして貯蔵熟成して作る。アルコール度数は25%。いわゆる「焼酎の臭み」が苦手な人にもおすすめできる、飲みやすくすっきりした味で、ロックが一番おいしいと思うけれど、お湯割にしてもお茶割にしても、果実酒のベースにしてもおいしい。果実酒を作るときは、アルコール度数35%の玄米焼酎を使うとさらにおいしい。

この玄米焼酎と、エビスビール、日本酒は、国立市にある酒屋さん、株式会社せきやから買っている。国立駅前の自社ビルの1階と地下1階が店舗。ワインカーヴや銘酒蔵、輸入ビールも数多く品揃えしていることで知られる。

残念なことに、でめてるではお酒を注文するお客さんはそれほど多くない。おいしいお酒を揃えているので、ぜひ食事とともにどうぞ。

これが玄米焼酎。
頼もしい感じのラベル♡
果実酒もこれで作ります。
玄米
日置
豐穣

●株式会社せきや（国立市中 1-9-30）
TEL 042-576-3111（株式会社せきや代表） http://www.sekiya.co.jp/

玄米ごはん・漬物・だし・調味料など

基本のドレッシング

どんなサラダにも合う、万能のドレッシングです。

ポイント：無農薬のレモンの皮があれば一緒に入れます。

【材料】

酢　菜種油　塩　こしょう　ニンニク
生姜　ローリエの葉

【つくり方】

1. 酢と菜種油を1：3で合わせて瓶に入れ、他の材料を全部入れる。

「油のこと・1」・・・・・・・・・・・・・・・・・・・はんのうれん

でめてるでは、2種類の菜種油と1種類の胡麻油を使っている。この菜種油と胡麻油は、熊本の堀内製油でつくっている油で、水俣の「はんのうれん」からとっている。ここも、でめてるとは開店当初からの長いつきあいがある。

「はんのうれん」は、1979年に結成した「水俣・反農薬連」が始まり。水俣病患者であり、「毒の恐ろしさを体で知っていた」故杉本栄子さんとの出会いによって生まれた。杉本さんは、「生きんがためにも農薬は絶対やめるべき」という信念を持っており、「生きるためのみかんづくり」をしたという。水俣病事件の教訓をふまえて、「農薬は毒である」ことを共通認識として、「反農薬」「有機栽培」「自主販売」を柱として、豊かな自然の中で作られる産物を扱ってきた。柑橘類や野菜、調味料、海産物や加工品、石けんまで取り扱っている。でめてるでは、はんのうれんから買う蓮根も人気で、蓮根料理はここの蓮根でないとはじまらない。濃厚で食感がいい蓮根だ。

一般的な油の中には、一度圧搾した搾りかすに化学溶剤を加えて精製するものもあるが、この菜種油と胡麻油は、圧搾一番絞りといい、最初に搾った油そのものだけだ。菜種油は軽やかで、胡麻油はとても香ばしい香りがする。とにかく毎日あらゆる料理に使っている油。それが水俣から届く信頼できるものであるということはありがたいことだ。はんのうれんからは、季節には甘夏みかんも送ってもらっている。見た目はちょっと悪いけれど、とてもおいしくてみんな楽しみにしている。

●企業協同組合エコネットみなまた・農水産加工部はんのうれん（熊本県水俣市 2501-211）
TEL 0966-63-5408　FAX 0966-63-3522　http://www1.ocn.ne.jp/~amanatsu/

「油のこと・2」‥‥‥‥‥‥‥‥‥‥生協パルシステム

でめてるで使っているもうひとつの菜種油は、生協パルシステムのもの。

オーストラリアのカンガルー島で作られる、遺伝子組み換えではない菜種を使っている。カンガルー島は、オーストラリア本土に比べると降水量が多く、良質の菜種がとれるそうだ。この菜種を、もちろん化学溶剤などを使わず、圧力で絞った一番搾りの菜種油。加熱に強く酸化しにくいのも特長で、一度使っても濾せばまた繰り返し使える。

●生協パルシステム
http://www.pal-system.coop/

玉ねぎドレッシング

玉ねぎでとろみのついたドレッシング。野菜にからんでおいしい。

ポイント： 玉ねぎは入れ過ぎると辛いので要注意。でめてるでは、酢 70cc、菜種油 210cc に対して、中くらいの玉ねぎ半分で作ります。

【材料】

酢　菜種油　玉ねぎ　塩　こしょう

【つくり方】

1. 酢と菜種油を1：3で合わせ、玉ねぎを加え、ミキサーにかける。

2. 塩こしょうで味を整える。

中華ドレッシング

お豆腐や海草など、淡白な食材にも合うドレッシングです。

ポイント：生姜と長ねぎは、たっぷり入れていいけれど、ニンニクは入れすぎると辛いので要注意。

【材料】

酢　菜種油　胡麻油　醤油　豆板醤
生姜　ニンニク　長ねぎ

【つくり方】

1. 生姜、ニンニク、長ねぎ（白い部分）を、すべてみじん切りにする。

2. ❶に、酢と油（菜種油と胡麻油）を１：３で合わせたものと、好みの量の醤油と豆板醤を混ぜ合わせる。

だし

すべての素、元、もと。すべて、これからはじまります。

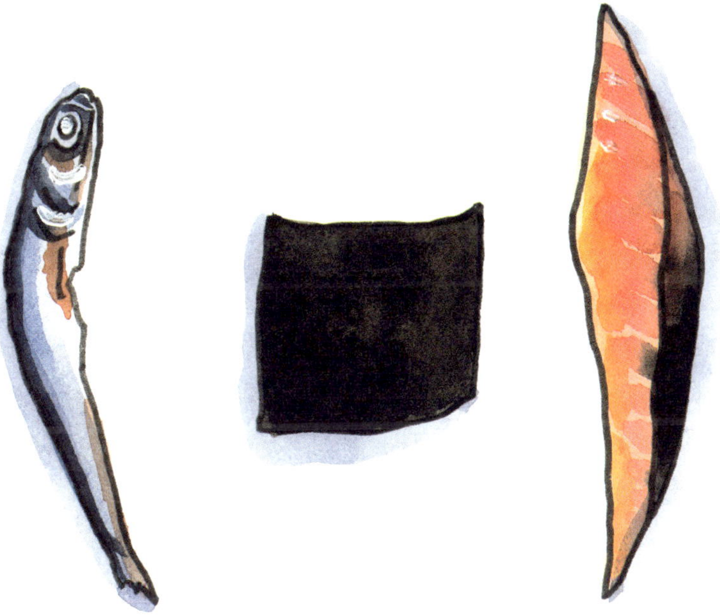

ポイント：煮干しの頭やはらわたは取ってもいいけれど、でめてるでは取りません。

【材料】

煮干し　昆布　厚削り　水

【つくり方】

1. 前日、1ℓ容器に、水＋煮干し＋昆布をほぼ同量ずつ入れ、冷蔵庫に保存する。

2. 翌日、さらに必要量の水と厚削りを加えて火にかける。沸騰しないようにだしをひく。

万能だし

煮物にも、お蕎麦やうどんのつゆにも、文字通りの万能だし。

ポイント：すぐ使えますが、半年くらいで使い切るようにします。うどんやそばつゆに使うときは、適宜うすめます。煮物にも使えますし、うなぎやさんまを焼いて万能だしで煮からめると、おいしい蒲焼きもできます。最後に残った昆布はとろとろになっているので、煮詰めるとおいしい佃煮になります。

【材料】

昆布　厚削り　酒　みりん　醤油

【つくり方】

1. ガラス瓶に、昆布と厚削りを入れ、酒とみりんと醤油、1：1：2を加える。

2. 冷蔵庫で保存して、必要な時に使う。

赤かぶ漬

きれいな色と、甘酸っぱい味と、絶妙の食感の漬物です。

【材料】

赤かぶ　酢　砂糖　塩

【つくり方】

1. 赤かぶは皮をむかず丸ごと、ホーロー容器に入れる。

2. 酢、砂糖、塩を加えて、赤かぶの２倍の重しをしをのせ、寒いところに1カ月置く。

ポイント： でめてるでは、赤かぶ 1kg に対して、酢 150cc、砂糖 50g、塩 40g で作っています。かなり砂糖控えめですので、甘いのが好きな方は砂糖を増やしてください。

ごましお

手作りのごましおは、とてもいい香り。玄米ごはんの一番の友。

ポイント：油が出ないように、ゆっくり優しくすりましょう。

【材料】

胡麻　塩

【つくり方】

1. ごまと塩、4：1を用意する。

2. 塩を鍋でから煎りしてから、すり鉢に移して、よ〜くする。

3. 胡麻を鍋でから煎りしてから、すり鉢に加え、塩と一緒にする。

マヨネーズ

自家製マヨネーズを食べたら、市販のマヨネーズは食べられません。

ポイント：最初の撹拌を心してゆっくりやらないと、分離して取り返しがつかなくなります。何のサラダに使いたいかで酢の量は変えます。

【材料】

玉子の黄身　菜種油　酢　塩

【つくり方】

1. 黄身 1 個に対して菜種油 200ccが基本。その割合で好みの分量を作る。

2. まず、泡立器で黄身を十分に撹拌する。

3. 菜種油を、少し上の方から細く糸のようにたら〜りたら〜りとたらしつつ、休みなく撹拌を続ける。

4. ある程度固まってきたら、残りの油を静かに流し入れて手早く仕上げる。

5. 酢を加えて撹拌し、塩を加えてさらに撹拌する。

柚子醤油

青菜にかければ、ただのおひたしもちょっとした一品になります。

ポイント：おひたしにかけたり、ポン酢醤油に使ったりします。中の実はくたくたになったら柚子味噌（P.82）が作れます。

【材料】

柚子　醤油

【つくり方】

1. 皮を使った後の、実だけになった柚子を瓶に入れる。

2. 醤油をそそぐ。

バジルオイル

炒め物やチャーハンに使うと、ひと味違った仕上がりになります。

ポイント：炒め物に使ったり、ドレッシングのベースにしたり。香りがおいしいオイルです。

【材料】

オリーブ油　ニンニク　バジルの葉　鷹の爪

【つくり方】

1. 瓶にオリーブ油を入れ、ニンニク、生バジルの葉、鷹の爪を加える。

トマトピューレ

簡単なので作り置きしておくと、なにかと便利です。

ポイント：たくさんトマトが手に入ったときに作っておくと、いろいろな料理に使えて便利です。

【材料】

トマト

【つくり方】

1. トマトのヘタをとって、丸ごとミキサーにかける。

2. 使う量ごとに袋に入れて冷凍する。

玄米ごはん

ふっくらもっちりと炊けた玄米ごはんこそ、でめてるの心です。

ポイント：浸水はしません。基本的に水は玄米の2割減の量ですが、新米のときはさらに少なめにします。豆ごはんにする場合も、洗った豆（2合に対して50gくらいが適量）を入れて炊くだけ。特に水は増やしません。玄米の炊き方にはいろいろなやり方がありますが、これは、でめてるの玄米ごはんの炊き方です。ヘイワの圧力鍋を使うことが前提です。

【材料】

玄米　水

【つくり方】

1. 玄米をよく洗って、籾殻などが入っていたら取り除く。

2. 圧力鍋に玄米を入れ、玄米1に対して0.8の水を加えて中火にかける。

3. 圧力がかかって激しくシューシューいいだしたら、軽くシューシューいうくらいの弱火にする。

4. タイマーを24分にセットする。

5. 24分たったら火を止め、圧力が落ちるまでそのまま蒸らす。

「玄米ごはんのための圧力鍋」・・・・・・・・・・・・・・鋳物屋

「でめてるの玄米ごはんはおいしい」とよく言われる。「どうやって炊いているのですか？」と聞かれることも多い。玄米そのものがおいしいということと、炊き方（P.141）の他に、とても大切な要素として「圧力鍋」で炊いている、ということがある。それも「ヘイワアルミの圧力鍋」であること。ヘイワアルミはすでに廃業し、現在は「鋳物屋」という会社になっており、本社と工場は山形県にある。お米も山形産だから、でめてるの玄米ごはんは、生まれも育ちも山形県ということになる。

鋳物屋の母体となるヘイワアルミは大正8年に創業した。圧力鍋の歴史としては、70年くらいになる。現在、鋳物屋で確認している現存の一番古い圧力鍋は、50年以上昔のものだと聞いた。圧力鍋というものは、国内外の調理器具メーカーからいろいろ出ているけれど、この圧力鍋がいいのは、「玄米ごはんをおいしく炊くために開発された」ということだろう。山形県内の自然食品店の方が、玄米をおいしく炊くにはどうしたらいいか苦労されていたことをきっかけに、研究を重ねて作られた圧力鍋だと聞いた。

圧力鍋は、鍋を密閉状態にして加熱し、圧力をかけて温度を上昇させて調理するので、短時間で一気に熱を通す。固い玄米が内部からふっくらとして、もちもちの食感に炊きあがる。「玄米を炊くため」に「日本で」誕生したこの圧力鍋が、でめてるの一番の働き者かもしれない。

●鋳物屋（山形県東根市大字若木 5555-18）
TEL 0237-47-3434　http://www.imonoya.co.jp/

「山形から届くこだわり玄米」…………斎藤保夫さん

食べ研（P.52）を通して買っている山形県の太ももの会の玄米のほかに、20年以上、斎藤保夫さんからも玄米をとっている。若いときから山登りが趣味だったという斎藤さんは、ありのままの自然をなにより大切にしたいと思ってきた。人が口にするものに、農薬や化学肥料を使いたくない。だから、できる限りの面積を、農薬や化学肥料を使わないで米づくりをしてきた。合鴨を田んぼに放ち、雑草や害虫を食べてもらっている。

斎藤さんのお米は、通常より稲刈りの時期が少し遅いそうだ。田んぼに長く置いて、「米を十分に完熟させている」と言う。そうすることで「しっかりした米になる」。うまみを凝縮した米になると言えるかもしれない。炊くときも、米にしっかり水分を吸わせて炊くとおいしいとのことで、でめてるでも、「斎藤さんのお米は少しだけ水多め」で炊いている。

作り手の考え方や思いによって、工夫され、試行錯誤され、それぞれの個性を持ったお米になるということを知った。

最上川の近く、庄内平野にあるという斎藤さんの田んぼもいつかぜひ訪ねたい。

斉藤さんの田んぼの写真。
店のどこかに飾ってあります。

探してみてね。

●斎藤保夫さん（山形県酒田市）
TEL&FAX 0234-92-2784

らっきょう

ごはんにもお酒にも合うらっきょうは、やっぱりあると便利。

ポイント：お好みですが、砂糖と酢はだいたい1：2。

【材料】

らっきょう　塩　砂糖　酢　鷹の爪

【つくり方】

1. らっきょうはよく水洗いして（このとき、ひげ根はつけたままでいい）、らっきょうに対して7%の塩で塩漬けする。

2. 1週間くらいしたらザルにあけて、先端とひげ根を切り落とし、ざっと水洗いして乾かす。

3. 砂糖、酢、鷹の爪で甘酢を作って漬ける。

新生姜の甘酢漬

漬物としても、カレーなどに添えて箸休めとしてもおいしい。

ポイント：でめてるでは、砂糖と酢は1：3でつくります。

【材料】

新生姜　塩　砂糖　酢

【つくり方】

1. 新生姜はごく薄切りにしてから、塩をふってしんなりさせる。

2. ザルにあけて軽く水切りし、耐熱容器に入れる。

3. 砂糖と酢で甘酢を作って沸かし、熱いうちに新生姜の器に入れる。

小梅

おむすびの具、お弁当の真ん中に、可愛い存在感の小梅です。

ポイント：時間のある方は、赤紫蘇を買って来て、自分で塩漬けをつくってみてください。

【材料】

小梅　塩　梅干し用赤紫蘇

【つくり方】

1. 小梅をよく洗って、小梅の10%の塩で漬ける。

2. 梅酢があがってきたら、玉隠堂の梅干し用赤紫蘇を加えて、そのまま漬け込む。

紫蘇ジュース

ぐびぐびと飲める、飽きのこない自然な酸味と甘みのジュースです。

ポイント：きれいな色のおいしいジュース。飲むときは、水やソーダで割って飲みます。

【材料】

赤紫蘇　酢　砂糖　塩

【つくり方】

1. 赤紫蘇をよく洗い、鍋に水と一緒に入れてふたをして 20 分煮る。

2. 酢と、赤紫蘇の 1.5 倍以上の砂糖、塩を加えて、さらに 20 ～ 25 分煮る。

あとがき

週に一日だけ手伝っている、私の大好きな玄米レストラン「でめてる」が、
開店30周年を迎えるにあたり、何か記念になることをしたいと思いました。
私ができることは、絵を描いたり文章を書いたりすることなので、
プリンターで作るポストカードや簡単なレシピ集を考えていましたが、
梨の木舎の羽田ゆみ子さんから、「本にしたら」と声をかけていただきました。
デザインは、エコフィールドの宮部浩司さんが手がけてくださいました。
思いがけず本づくりのプロの方達のご協力を得て、この本ができあがりました。
おふたりに心から感謝しています。

店長からレシピを聞き取って、料理の写真を撮り、イラストを描き、
楽しく本づくりを進めていた最中の、2011年3月11日に、
東日本大震災があり、原子力発電所で大事故が起きました。
農業、漁業、酪農に大きな影響を及ぼすことになり、
安全な食、日本の伝統的な食について真摯に考えてきた人達ほど、
やりきれない思いを背負う世の中になってしまいました。
あまりのことに無力感にとらわれることもありますが、
未来に希望を持つために、一日でも早くすべての原発がなくなるよう、
自分ができることをやっていこうと思っています。
原発事故の影響をさまざまな場面で見聞きしたことは、
食べ物が、多くの人の地道な仕事とつながりによってつくられることを、
あらためて考える機会にもなりました。

この本は、楽しいレシピ絵本ですが、
「でめてる」とおつきあいのあるさまざまな人達の仕事について、
少しでも伝えられる本にしたいと思いました。
できる限り、直接訪ねて行って会って話し、コラムを書きました。
取材させていただいた生産者の皆様、お店の皆様、
お忙しい中おつきあいいただきまして、ありがとうございました。
皆様のおかげで、レシピの背景にある物語を本に加えることができました。
また、いつも「でめてる」の食事を楽しんでくださるお客様にも感謝しています。
「ごちそうさま」「おいしかった」と言われることはなによりも喜びです。
皆様ひとりひとりの顔を思い浮かべながら、イラストを描きました。
そして、「でめてる」の鈴木朋恵店長、ありがとう!!　開店30周年、おめでとう!!

ふつうのおいしい食事が楽しめる店として、これからも変わらずにいてください。

石渡希和子　2012年3月

プロフィール

でめてる

国分寺にある玄米レストラン。1982 年開店。店長は鈴木朋恵さん。ふっくら炊けたおいしい玄米ごはんと味噌汁、漬物、季節の野菜のおかずが並んだ、飽きのこない定食が食べられるお店です。ホームページというものはありません。昼は 11 時から、夜は 5 時から。中休みあり。ラストオーダーは 8 時半。日曜と月曜が定休日。

東京都国分寺市本町 2-14-5　TEL 042-323-9924

石渡希和子（いしわたりきわこ）

東京生まれ。桑沢デザイン研究所卒業。フリーライター、イラストレーター。時代小説とともに旅をして、飲み食いし、絵を描いて、週末にサッカーが見られれば、だいたい幸せです。『駅弁の旅』（NHK 出版※品切中）、『おいしいごはんの店』（共著・野草社）、『ぜいたくなひとりごはん』（すばる舎）、『クーラーいらずの涼しい生活 99 の技』（共著・コモンズ）などの本を出しています。

料理：鈴木朋恵（でめてる）
写真・デザイン：宮部浩司

玄米ごはんのおいしいお店
でめてる　野菜のおかず

絵と文：石渡希和子

2012 年 4 月 1 日発行
発行者：羽田ゆみ子
発行所：梨の木舎
101-0051　東京都千代田区神田神保町1-42
TEL 03(3291)8229
FAX 03(3291)8090
http//www.jca.apc.org/nashinoki-sha/
nashinoki-sha@jca.apc.org